제국주의,
자본주의의 최고 단계

063 레닌
전집

Владимир
Ильич
Ленин

제국주의,
자본주의의 최고 단계

이정인
옮김

AGORA

일러두기

1. 본 전집의 대본은 V. I. Lenin, *Collected Works*, Progress Publishers, Moscow다.
2. 주석은 모두 각주로 처리했으며, 저자 주는 주석 앞에 '레닌 주'라고 표기했다. 원서 편집자 주는 주석 뒤에 '원서 편집자', 옮긴이 주는 '옮긴이'라고 표기했다.
3. 원문에서 이탤릭체로 강조된 것은 고딕체로 표기했으며, 볼드체로 강조된 것은 굵은 글씨로, 대문자로 강조된 것은 권점을 사용해 표기했다. 밑줄이 그어진 것은 동일하게 처리했다.
4. 신문이나 잡지의 이름은 우리말로 번역되어 익히 알려져 있거나 사용되고 있는 경우에는 번역된 우리말로 표기했으나, 그렇지 않은 경우에는 소리 나는 대로 표기했다.
5. 날짜는 러시아 구력이며, 신력을 표기할 때는 구력을 먼저 적고 괄호 안에 신력을 표기했다.

차례

이 책은 레닌이 1916년 1월부터 6월까지 집필한 것이다.

레닌은 1차 세계대전이 일어나기 훨씬 전부터 자본주의 발전의 새로운 현상에 주목하기 시작했으며, 전쟁 발발 직후 자본주의의 독점 단계에 대한 연구에 돌입했다. 제국주의에 대한 문헌들을 본격적으로 검토한 것은 그가 스위스 베른에 머물던 1915년 중반부터였던 것으로 알려져 있다.

그가 제국주의 관련 문헌들을 살펴보면서, 그 문헌들의 내용을 발췌하고 자신의 생각을 메모해놓은 기록이 『제국주의에 대한 노트Notebooks on Imperialism』다. 인쇄용지 50더미에 달하는 이 기록에는 148종의 책(독일어책 106종, 프랑스어책 23종, 영어책 17종, 러시아 번역본 2종)과 232편의 논문(독일어 논문 206편, 프랑스어 논문 13편, 영어 논문 13편)에서 발췌한 내용이 담겼다.

레닌은 제국주의에 대한 책을 출판하자는 파루스 출판사의 제안을 받고 이 책 『제국주의, 자본주의의 최고 단계 Imperialism, the Highest Stage of Capitalism』를 집필했는데, 파루스 출판사의 편집진으로 있던 멘셰비키들은 레닌에게 받은 원고의 내용을 왜곡했다. 레닌이 카우츠키와 멘셰비키를 강하게 비판한 부분들을 삭제하고, 일부 용어들도 수정해서 레닌의 뜻을 훼손했던 것이다. 그렇게 왜곡된 책은 『제국주의, 자본주의의 최근 단계—대중적 개요Imperialism, the Latest Stage of Capitalism—A Popular Outline』라는 제목으로 1917년 중반에 출판되었다.—편집자

서문

지금 독자들에게 소개되는 이 소책자는 내가 1916년 봄에 취리히에서 쓴 것이다. 그곳에서 집필 작업을 해야 했기 때문에 나는 프랑스어와 영어 문헌, 특히 러시아어 문헌의 절대적인 부족으로 애를 먹었다. 하지만 제국주의에 관한 주요한 영어 저작인 J. A. 홉슨(Hobson)의 책을 주의 깊게 활용할 수 있었고, 내 생각에 그 책은 그럴 만한 가치가 있다.

나는 차르 체제의 검열을 염두에 두고 이 소책자를 썼다. 그래서 오직 이론적인 부분으로, 특히 사실에 대한 경제적인 분석으로 작업을 제한하지 않을 수 없었다. 불가피하게 정치적인 문제를 언급할 때는 극히 조심해서, 차르 체제의 모든 혁명가들이 '합법적인' 글을 쓰려고 펜을 잡을 때마다 의존해야 하는 암시나 이솝 식의—빌어먹을 이솝 식의—언어로 표현할 수밖에 없었다.

지금처럼 자유로운 시기에, 검열 때문에 쇠 집게로 찌그러뜨려놓은 것처럼 뒤틀고 억누른 이 소책자의 곳곳을 다시 읽자니 고역스럽다. 제국주의가 사회주의 혁명의 전야라는 것,

사회배외주의[1](말로는 사회주의, 행동으로는 배외주의)는 사회주의를 완전히 배신하고 부르주아지 편으로 완전히 넘어간 것이라는 사실, 노동계급 운동 내의 이러한 분열은 제국주의의 객관적 조건과 밀접하게 연관되어 있다는 점 등에 대해 나는 '노예'의 언어로 말해야 했다. 그래서 나는 그 문제에 대해 관심이 있는 독자들에게, 내가 1914~7년에 해외에서 썼던 글들을 모아 곧 출간할 새로운 판본을 참조하라고 권하고 싶다.[2] 이 책의 119~120쪽 부분[3]은 특별히 주의를 기울여야 할 필요가 있다. 거기에서 나는 자본가와 그들 편으로 넘어간 사회배외주의자(카우츠키(Kautsky)는 일관성 없는 태도로 그들을 반대하고 있다) 들이 얼마나 파렴치하게 자기 나라 자본가들의 영토 합병을 은폐하고 있는지를 검열을 통과해 독자들에게 보여주기 위해 일본의 예를 들어야 했다! 사려 깊은 독자들이라면 일본을 러시아

[1] 마르크스주의자들 중 전쟁을 지지하는 쪽을 비판하기 위해 레닌이 당시 마르크스주의를 의미하던 단어 '사회민주주의(social-democracy)'의 패러디로 만든 조어 'social-chauvinism'을 번역한 말이다. '사회국수주의'라고도 번역할 수 있으나, 기존의 책들에서 '사회배외주의'로 번역되어 통용되고 있으므로 이 책에서도 '사회배외주의'라는 용어를 썼다.— 옮긴이

[2] 레닌은 「제2인터내셔널의 붕괴The Collapse of the Second International」(본 전집 59권에 수록—편집자) 등의 글들을 모아 '흐름에 대항하여'라는 제목의 책을 출판할 계획이었다. 그러나 발간이 많이 늦어지는 바람에 1918년 3월에야 그 책을 위한 서문을 썼다.(일어판 주석 참조)—옮긴이

[3] 이 책에서는 202~4쪽이다.—편집자

로, 조선을 핀란드·폴란드·쿠를란드·우크라이나·히바·부하
라·에스토니아 또는 대러시아인이 아닌 다른 민족[4]이 거주하
는 지역으로 쉽게 바꿔서 생각할 수 있을 것이다.

　나는 독자들이 근본적인 경제 문제, 즉 제국주의의 경제
적 본질을 이해하는 데 이 소책자가 도움이 되리라 믿는다. 그
것을 연구하지 않고서 현대의 전쟁과 현대의 정치를 이해하는
것은 불가능하다.

필자

페트로그라드에서, 1917년 4월 26일

4　러시아는 160개가 넘는 민족들로 구성된 다민족 국가이며, 전체 인구
　중 러시아인은 80퍼센트 정도를 차지한다.―옮긴이

프랑스어판과 독일어판 서문[5]

I

  러시아어판 서문에서 말했듯이 나는 1916년에, 차르 체제가 검열할 것에 눈치를 보면서 이 소책자를 썼다. 그렇다고 지금 이 책의 전문을 고쳐 쓰는 것은 가능하지도 않고 합당한 일도 아닐 것이다. 왜냐하면 이 책의 주된 목적은 반박의 여지가 전혀 없는 모든 나라의 부르주아 통계자료와 부르주아 학자들의 고백에 기초하여 1차 세계 제국주의 전쟁의 전야인 20세기 초의 국제관계 속에서 세계 자본주의 체제의 복합적인 상(相)을 드러내는 것이었고, 그 목적은 지금도 유효하기 때문이다.

  차르 검열관이 보기에 합법적이었던 이 소책자의 예는, 최근 거의 모든 공산주의자들이 체포된 후 미국이나 프랑스의 공산주의자들에게 남아 있는 실낱같은 합법성도 '세계 민주주의'에

---

5 어떤 이유에서인지 프랑스어판과 독일어판은 레닌이 이 서문을 썼을 당시에 출판되지 않았고, 독일어판은 1921년에, 프랑스어판과 영어판은 1923년에 출간되었다.(러시아어판과 일어판 주석 참조)―옮긴이

대한 사회평화주의[6]적 관점과 희망의 허구성을 폭로하는 데 유용하게 활용될 수 있으며 마땅히 그것을 이용해야 한다는 것을 선진 자본주의 국가의 공산주의자들에게 확신시키는 데 있어서도 유용하다. 나는 검열을 통과한 이 소책자에 보충하지 않으면 안 될 아주 중요한 내용을 이 서문에서 밝히려 한다.

II

이 소책자는 1914~8년 전쟁이 양 진영 모두에게 제국주의 전쟁(즉 침략적이고 약탈적이고 강도 같은 전쟁)이었다는 것을 증명하고 있다. 다시 말해 이 전쟁은 세계를 나눠 먹기 위한 전쟁, 식민지와 금융자본의 '세력권'을 분할하고 재분할하기 위한 전쟁이었다.

이 전쟁의 진정한 사회적 성격, 좀 더 정확하게 말해 그것의 진정한 계급적 성격이 무엇인가에 관한 증거는 당연히 전쟁의 외교사가 아니라 모든 교전국들의 지배계급들이 처한 **객관적 상황**을 분석함으로써 찾을 수 있다. 이런 객관적인 상황을

6 레닌은 혁명적인 대중투쟁을 촉구하지 않고 민주적인 평화조약 체결이 가능하다는 평화주의 선전을 행하는 사회주의 운동 내 경향들을 사회평화주의(social-pacifism)라고 불렀다. 그는 사회평화주의자들의 선전이 노동계급의 사기를 떨어뜨리고 평화에 대한 환상만 불어넣는다고 비판했다.─옮긴이

묘사하기 위해서는 몇 가지 사례들이나 개별적 통계수치(사회생활의 현상들은 엄청나게 복잡하기 때문에 특정한 사례나 개별적 수치를 임의로 추출하여 어떤 명제를 입증하는 것은 언제든 할 수 있는 일이다)가 아니라, 반드시 모든 교전국들과 전세계 경제활동의 토대에 관한 모든 수치를 제시해야만 한다.

나는 1876년과 1914년의 세계 분할(6장), 1890년과 1913년의 세계 철도 분할(7장)에 대해 서술하면서 그런 이론의 여지가 없는 총괄적인 수치들을 인용했다. 철도는 자본주의 기간산업, 즉 석탄산업과 철강산업의 총화이며 세계무역과 부르주아 민주주의 문명의 발전 정도를 보여주는 가장 명확한 지표다. 철도가 대규모 생산과 독점, 신디케이트, 카르텔, 트러스트, 금융과두제와 어떻게 연관돼 있는지는 이 책의 앞부분 몇 장(chapter)에 걸쳐 서술되어 있다. 철도망의 불균등한 분포와 불균등한 발전은 전세계적 차원의 현대 독점자본주의의 결과가 압축적으로 드러난 것이다. 그리고 이 결과들은 이러한 경제체제에서는, 즉 생산수단의 사적소유가 유지되는 한은 제국주의 전쟁이 불가피한 것임을 보여준다.

철도 부설은 겉보기에 단순하고, 자연스러우며, 민주주의적이고, 문화적이며, 문명을 보급하는 사업으로 보인다. 자본주의적 노예제를 미화하는 대가로 보수를 받는 부르주아 교수들과 소부르주아적인 속물들의 눈에는 분명 그렇게 보일 것이다. 그러나 현실에서는 자본주의의 끈들, 즉 그런 사업을 생산수단 일반에 대한 사적소유와 이어주고 있는 수천 가닥의 연결망들이 철도 부설을 세계 인구의 절반이 넘는 (식민지와 반식민지의) **십억**[7] 민중들과 '문명'국들의 임금노예들을 억압하는 수단으로 바꾸고 있다.

소소유자의 노동에 기초한 사적소유·자유경쟁·민주주의 등, 자본가와 언론 들이 노동자와 농민 들을 기만하는 데에 사용한 이 모든 슬로건들은 먼 과거의 것이 되고 있다. 자본주의는 한 줌의 '선진' 국가들이 세계 인구의 엄청난 다수를 식민지적으로 억압하고 금융적으로 교살하는 하나의 세계체제로 성장했다. 그리고 이 '약탈품'은 머리끝에서 발끝까지 무장한 두세 개의 강력한 세계적 약탈자들(미국, 영국, 일본) 사이에서 분배되는데, 이들은 자신들의 약탈품을 분배하기 위한 자신들의 전쟁에 전세계를 끌어들이고 있다.

III

군주국 독일이 강요한 브레스트-리토프스크 강화[8], 그에

---

[7] 1914년 기준으로 열강 6개국 식민지의 인구는 5억 2천만 명이고 반식민지 인구는 3억 6천만 명이다. 이 숫자를 합치면 8억 8천만 명 이상이 되어 10억 가까이 된다. 당시의 식민지 인구와 영토는 132쪽 도표를 참조하라.—편집자

이은 '민주'공화국 미국·프랑스와 '자유' 국가 영국이 강요한
훨씬 더 잔혹하고 비열한 베르사유 강화9는 어떤 면에서 인
류에게 극히 유익한 기여를 했는데, 평화주의자와 사회주의자
로 자처하면서도 '윌슨주의'10를 찬양하고 제국주의 시대에 평
화와 개량이 가능하다고 주장하는 제국주의가 고용한 날품팔

8   1918년 3월 브레스트-리토프스크에서 독일 등 동맹국들과 1917년 10
    월 혁명으로 탄생한 소비에트 정부가 체결한 평화조약이다. 볼셰비키는
    집권 이후 공언한 대로 동맹국들에게 평화협상을 요구하여 12월 22일
    부터 협상을 시작했다. 독일은 강화 조건으로 우크라이나를 비롯하여
    예전 러시아 제국이 다스렸던 폴란드 및 발트 해 지역을 소비에트 정부
    가 포기할 것을 요구했다. 이를 두고 소비에트 정부는 무조건 강화를 체
    결해야 한다고 주장하는 레닌의 안, 전쟁을 중단하되 어떤 평화조약도
    맺지 않아야 한다는 트로츠키의 안, 동맹국들을 상대로 혁명전쟁을 해
    야 한다고 주장하는 부하린의 주장 등으로 갈라져 혼선을 빚었다. 그러
    나 독일이 우크라이나 민족주의자 대표들과 먼저 평화조약을 체결하고
    러시아 공격을 재개하는 것으로 강경하게 대응하자, 다급해진 소비에트
    정부는 독일의 요구를 모두 수용하고 전쟁을 종식시키기로 결정했다. 결
    국 3월 3일 소비에트 정부와 동맹국 간의 평화조약이 체결되었고, 이는
    3월 15일 4차 전러시아 소비에트 특별회의에서 승인되었다. 그러나 같은
    해 11월 동맹국 측이 패배하고 독일 혁명이 일어나 독일 군주정이 타도
    되자 소비에트 정부는 이 조약의 무효를 선언했다.—옮긴이
9   베르사유 강화는 1차 세계대전에서 패한 독일 및 동맹국들에게 전승국
    들이 강요한 제국주의적 조약으로, 1919년 6월 28일 프랑스 베르사유
    궁전에서 체결되었다. 이 조약은 동맹국들의 식민지들을 박탈하여 전승
    국들에게 유리하도록 자본주의 세계를 재분할하고, 독일에 엄청난 액수
    의 배상금을 부담시켰다. 레닌은 1920년 코민테른 2차 대회 개회사에서
    베르사유 조약의 불합리성 때문에 조만간 유럽에 다시 전쟁이 발발할
    것이라고 예상했다.—옮긴이

이 글쟁이들과 반동적 속물들의 정체를 폭로했기 때문이다.

영국과 독일 금융 강도 집단 중 누가 더 큰 몫을 차지하느냐를 판가름하기 위해 벌어진 전쟁이 발생시킨 수천만의 시체들과 불구자들과 더불어 저 두 '평화조약'은 그 동안 부르주아지가 짓밟고, 억누르고, 기만하고, 우롱해온 수백, 수천만 민중들을 전례 없이 빠르게 각성시키고 있다. 이렇게 해서, 전쟁이 만들어낸 전세계적인 폐허로부터 전세계적인 혁명적 위기가 자라나고 있으며, 그것은 아무리 길고 험난한 과정을 거칠지언정 결국 프롤레타리아트 혁명과 그 승리로 귀결될 수밖에 없을 것이다.

제2인터내셔널의 바젤 선언, 1912년에 이미 전쟁 일반(전쟁에는 여러 가지가 있으며 혁명 전쟁도 있다)이 아니라 1914년에 발발한 바로 그 전쟁을 올바르게 예판했던 그 선언은 지금 제2인터내셔널 영웅들의 모든 치욕스런 파산과 변절을 폭로하는 기념

10 미국 대통령 윌슨은 1917년 4월 미국의 참전을 결정한 뒤 1918년 1월 미국 의회에서 14개 조의 평화원칙을 발표했다. 이 평화원칙은 사실 민족자결권과 평화를 주장하며 동맹국들과 단독으로 평화협상을 준비하던 소비에트 정부를 견제하기 위해 제시되었으나, 1918년 3월 결국 브레스트-리토프스크 조약이 성사되면서 애초의 목적을 이루지 못했다. 하지만 이 14개 조는 민족자결, 군비 축소, 평화를 유지할 국제기구 창설 등의 내용을 담고 있어 국제적으로 큰 환영을 받았다. 연합국 언론은 윌슨을 평화의 투사로 떠받들었으며, 윌슨주의는 전쟁의 제국주의적 성격을 가리는 데 톡톡한 역할을 했다. 하지만 실상은 미국, 프랑스, 영국, 이탈리아, 일본 등 승리한 제국주의 열강들의 세계 재분할을 위한 것이었음은 베르사유 조약 등을 통해 명확히 드러났다.—옮긴이

비로 남아 있다.

그래서 나는 이 선언을 이 판의 부록으로 다시 수록하여,[II] 제2인터내셔널의 영웅들이 당시 임박한 전쟁과 프롤레타리아트 혁명 사이의 연관성을 정확하고 분명하며 직설적으로 언급했던 이 선언의 문장들을 마치 도둑이 범행 장소를 피해 다니는 것처럼 조심스럽게 회피하고 있다는 점을 독자들에게 거듭 상기시키고자 한다.

IV

이 소책자는 '카우츠키주의'를 비판하는 데에 특히 주의를 기울이고 있다. 카우츠키주의는 세계 모든 나라에서 '가장 뛰어난 이론가들', 제2인터내셔널의 지도자들(오스트리아의 오토 바우어[Otto Bauer] 일파, 영국의 램지 맥도널드[Ramsay MacDonald] 등, 프랑스의 알베르 토마[Albert Thomas] 등)과 수많은 사회주의자들, 개량주의자들, 평화주의자들, 부르주아민주주의자들, 목사들이 대표하고 있는 국제적인 이데올로기 조류다.

이 이데올로기 조류는 한편으로는 제2인터내셔널의 붕괴와 부패의 산물이고, 다른 한편으로는 전반적인 생활방식상

II 이 책의 대본인 프로그레스판에는 이 선언이 수록되어 있지 않으며, 여기에도 따로 수록하지 않았다.—편집자

부르주아적·민주주의적 편견에 사로잡힐 수밖에 없는 소부르주아 이데올로기의 불가피한 결과다.

카우츠키 및 그 유사 부류들의 견해들은 그 저술가[12]가 수십 년간, 특히 무엇보다 사회주의 내의 기회주의자들(베른슈타인(Bernstein), 밀랑(Millerand), 하인드먼(Hyndman), 곰퍼스(Gompers) 등)과 투쟁하면서 옹호해온 마르크스주의의 혁명적 원칙들을 완전히 포기하는 것이다. 그러므로 전세계의 '카우츠키주의자들'이 지금 실제 정치무대에서 (제2 또는 황색 인터내셔널[13]을 통해) 최악의 기회주의자들과 단결하고, (사회주의자들이 참여한 부르주아 연립정부들을 통해) 부르주아 정부와 힘을 합치고 있는 것은 절대 우연이 아니다.

세계적으로 성장하고 있는 프롤레타리아 혁명운동 일반, 특히 공산주의 운동은 '카우츠키주의'의 이론적 오류에 대한 분석과 폭로 없이는 이루어질 수 없다. 게다가 마르크스주의를 자처하지는 않지만 카우츠키나 그 일파와 마찬가지로 제국

12 카우츠키를 가리킨다.—옮긴이

13 여기서 레닌이 언급하고 있는 것은 해체된 제2인터내셔널을 재건하기 위해 서유럽 사회주의 당들의 지도자들이 1919년 2월 스위스 베른에서 개최한 예비협의회(Berne Conference of 1919)로 보인다. 레닌은 이미 파산한 제2인터내셔널의 재건을 반대하고, 혁명적 좌익을 중심으로 하여 새로운 인터내셔널을 건설할 것을 주장했다. 때문에 베른 협의회 같은 제2인터내셔널 재건 시도를 혁명적인 적색이 아닌 기회주의적인 "황색" 인터내셔널이라고 비판한 것이다.—옮긴이

주의 모순의 심각성과 그것이 만들어낸 혁명적 위기의 필연성을 퇴색시키는 평화주의와 '민주주의' 일반이 전세계에 걸쳐 여전히 매우 강력하게 퍼져 있기 때문에 더욱 그러하다. 이런 경향들과 투쟁하는 것은 프롤레타리아트 당의 의무다. 프롤레타리아 당은 부르주아지에게 우롱당하고 있는 소소유자들과, 얼마간은 소부르주아적 생활조건들에 놓여 있는 수백만 근로인민을 부르주아지에게서 되찾아와야 하기 때문이다.

V

8장 「자본주의의 기생성과 부패」에 대해 몇 마디 언급해야겠다. 이 책의 본문에서 이미 지적했듯이, 과거에는 '마르크스주의자'였지만 지금은 카우츠키의 전우이자 '독일 독립사회민주당'14에서 부르주아적·개량주의적 정책을 펼치는 주요 대표자들 중 한 명인 힐퍼딩(Hilferding)은 이 문제에 있어 노골

14 독일 독립사회민주당(Unabhängige Sozialdemokratische Partei Deutschlands, USPD)은 1917년 4월 독일 사회민주당의 중앙파와 좌파(스파르타쿠스단)가 창당한 정당이다. 그러나 1918년 11월 독일 혁명이 발발하고 로자 룩셈부르크(Rosa Luxemburg)와 카를 리프크네히트(Karl Liebknecht) 등 스파르타쿠스단이 탈퇴하여 공산당을 건설하자, 좌우파 사이에서 차별점을 찾지 못하고 쇠락하다가 1920년대 초 일부는 독일 공산당으로, 일부는 사회민주당으로 흡수되면서 사실상 소멸되었다.—옮긴이

적인 평화주의자이자 개량주의자인 영국인 홉슨보다 한 발 뒤처져 있다. 노동운동 전체의 국제적인 분열은 이제 완연히 드러났다(제2인터내셔널과 제3인터내셔널[15]). 두 경향 사이의 무장투쟁과 내전도 나타났다. 러시아에서는 멘셰비키와 '사회혁명당'[16]이 볼셰비키에 맞서 콜차크(Kolchak)와 데니킨(Denikin)[17]을 지지하고 있다. 독일에서는 스파르타쿠스단[18]에 맞서 샤이데만

[15] 레닌은 제2인터내셔널의 파산을 공식화하고 새로운 인터내셔널의 건설을 주장했다. 1차 세계대전 중 전쟁을 반대하는 소수의 마르크스주의자들이 스위스의 치머발트에서 국제 대회를 열고 치머발트 좌파를 구성했는데, 이를 기초로 해서 10월 혁명 이후 레닌이 주장한 대로 제3인터내셔널이 창립되었다. 공산주의 인터내셔널, 즉 코민테른이라고도 불린다. 코민테른은 1919년에서 1943년까지 존속했다.—옮긴이

[16] 19세기 후반에 등장한 러시아의 독특한 반정부운동인 나로드니크의 전통을 계승하여 1901년에 건설된 정당이다. 테러를 통한 차르 전제와의 투쟁과 '토지의 사회화'를 주장하여 청년과 농민 들의 큰 지지를 받았다. 사회혁명당은 토지 소유 농민과 도시소부르주아의 관점을 대변하는 정당으로 발전해갔으며, 2월 혁명 이후 소비에트 내에서 다수파 정당이 되었다. 그러나 10월 혁명에 대한 태도로 좌우파로 분열되어 좌파는 소비에트 정부에 참여했으나, 농민 정책·독일과 강화 문제 등으로 공산당과 갈등을 일으키다가 1918년 7월 독일 대사 암살 사건을 계기로 정부에서 축출되었다. 같은 달에 벌어진 레닌 암살 시도의 배후로 지목되어 대대적인 탄압을 당했다.—옮긴이

[17] 콜차크와 데니킨은 제정 러시아의 장군들로, 10월 혁명 이후 소비에트 정부를 상대로 내전을 일으켰다.—옮긴이

[18] 로자 룩셈부르크와 카를 리프크네히트 등 독일 사회민주당 좌파가 1916년 1월에 만든 혁명조직이다. 1919년 1월 스파르타쿠스 반란을 일으켰으나 실패했고 이로 인해 로자 룩셈부르크와 카를 리프크네히트가 우익 의용단에게 체포되어 살해당했다.—옮긴이

(Scheidemann)주의자들과 노스케(Noske) 일파[19]가 부르주아지와 손을 잡았다. 핀란드, 폴란드, 헝가리 등지에서도 비슷한 일이 일어났다. 이런 세계사적 현상의 경제적 토대는 과연 무엇인가?

그 토대는 바로 자본주의의 기생성과 부패다. 그리고 이는 자본주의의 역사적 최고 단계인 제국주의의 고유한 특징이다. 이 소책자에서 증명한 바와 같이, 자본주의는 지금 전세계를 약탈하는—단지 '이자놀이'[20]만으로—한 줌의(세계 인구의 10분의 1도 안 되는, 아무리 '관대하게' 부풀려 잡는다 해도 5분의 1도 안 되는) 극히 부유하고 강력한 국가들을 탄생시켰다. 전쟁 전의 부르주아지의 통계에 따르면 그들은 자본수출을 통해 전쟁 전의 가

19 구스타프 노스케(1868~1946년)와 필리프 샤이데만(1865~1939년)은 프리드리히 에베르트(Friedrich Ebert, 1871~1925년)와 함께 독일 사회민주당 우익의 대표적인 인물들이다. 이들은 모두 1차 대전 당시 전쟁을 지지했을 뿐 아니라, 1918년 11월 혁명으로 군주정이 타도되자 과도 혁명정부의 지도부가 되어 혁명의 급진화를 막고 좌익의 봉기를 무자비하게 탄압했다. 예컨대 스파르타쿠스단의 봉기를 진압하고 로자 룩셈부르크와 카를 리프크네히트를 살해한 것은 바로 노스케가 조직한 우익 의용단이었다. 이러한 공로에 의해 혁명의 열기를 진압하고 수립된 새로운 부르주아 정부, 즉 바이마르 공화국에서 샤이데만은 총리, 에베르트는 대통령, 노스케는 국방장관의 자리를 나눠 가질 수 있었다.—옮긴이

20 원문의 뜻은 '쿠폰 끊기(clipping coupons)'다. 영어에서 'clip coupons'는 원래 주기적으로 채권이자를 징수하는 일을 뜻하는데, 주식이나 채권으로 이익을 얻는 것을 가리키는 말로 의미가 확대되었다. 여기서는 이러한 소득들을 비꼬기 위한 레닌의 의도와 한국어에서의 자연스러움을 고려하여 이 문구가 쓰인 곳을 모두 '이자놀이'로 번역했다.—옮긴이

치로 연간 80~100억 프랑의 수입을 얻었다. 물론 지금은 훨씬 더 많다.

그런 엄청난 **초과이윤**(왜냐하면 그것은 자본가들이 '자기' 나라의 노동자들로부터 짜내는 이윤 이상으로 획득하는 것이기 때문에)으로 노동계급 지도자들과 노동귀족 상층을 **매수할 수 있음**은 당연하다. '선진' 국가 자본가들은 실제로 그들을 매수하고 있는 바, 수천 가지 다른 방법으로, 직접적으로나 간접적으로나, 공공연하게나 암암리에 그들을 매수하고 있는 것이다.

이 부르주아화된 노동자 계층, 다시 말해 '노동귀족'은 생활양식에서, 임금 수준에서, 모든 세계관에서 전적으로 소시민적인데, 이들은 제2인터내셔널의 주요한 기둥이고 요즘은 (군사적으로는 아니라도) **부르주아지의 주요한 사회적 기둥**이다. 왜냐하면 이들은 실질적으로 **노동**계급 운동 내에서 암약하는 부르주아지의 **첩자**이자, 자본가계급의 노동 관리인들이며 실제로 개량주의와 배외주의를 전파하고 있는 자들이기 때문이다. 프롤레타리아트와 부르주아지의 내전에서 그들 중 적지 않은 수가 필연적으로 부르주아지 편으로, '코뮌파'에 반대하는 '베르사유파' 쪽으로 넘어간다.[21]

21 베르사유파는 1871년 파리 코뮌이 세워진 뒤, 부르주아들이 베르사유로 탈출하여 티에르를 수반으로 수립한 반혁명 정부를 지지한 쪽을 말한다. 베르사유 정부는 이후 극히 잔혹하게 파리 코뮌을 진압했는데, 따라서 "코뮌파에 반대하는 베르사유파"란 반혁명 세력을 의미한다.—옮긴이

이러한 현상의 경제적 뿌리를 이해하지 못하고, 그것의 정치적·사회적 의미를 평가하지 못한다면, 공산주의 운동과 임박한 사회혁명의 실천적 과제를 해결함에 있어서 한 걸음도 나아갈 수 없다.

제국주의는 프롤레타리아트 사회혁명의 전야다. 이것은 1917년 이래 전세계적인 차원에서 확인되었다.

1920년 7월 6일

N. 레닌

지난 15~20년간, 특히 스페인-미국 전쟁(1898년)과 보어 전쟁(1899~1902년)[22] 이후, 구세계와 신세계의 경제나 정치 문헌들은 우리가 겪고 있는 시대를 특징짓기 위해 '제국주의'라는 개념에 대해 점점 더 빈번하게 기술하고 있다. 1902년에는 영

22 스페인-미국 전쟁은 1898년 스페인의 지배를 받던 쿠바 주민들이 스페인에 대항해 반란을 일으키자 미국이 개입하면서 벌어진 전쟁이다. 당초 압제에 시달리는 쿠바를 해방시킨다는 명분으로 시작되었으나 전쟁 결과 쿠바는 독립을 쟁취하긴 했으나 사실상 미국의 종속국으로 전락했으며 기존 스페인 식민지였던 푸에르토리코·괌·필리핀은 미국의 식민지가 되었다. 보어 전쟁은 보어인이라고 불리던 아프리카 남부에 정착한 네덜란드계 이주민들과 영국이 다이아몬드 광산과 금광을 놓고 1899년부터 1902년까지 벌인 전쟁이다. 영국의 승리로 남아프리카 전역이 영국 식민지가 되었다.—옮긴이

국 경제학자 홉슨의 저작 『제국주의론*Imperialism*』이 런던과 뉴욕에서 출판되었다. 저자는—과거 마르크스주의자였던 카우츠키의 현재 입장과 본질적으로 같은 종류의—부르주아 사회개량주의와 평화주의 관점에 서 있기는 하지만, 제국주의의 기본적인 경제적·정치적 특질들을 매우 훌륭하고 정확하게 묘사했다. 1910년에는 빈에서 오스트리아 마르크스주의자인 루돌프 힐퍼딩[23]의 저작 『금융자본*Das Finanzkapital*』(러시아어 번역판은 1912년에 모스크바에서 출간)이 출판되었다. 저자가 화폐 이론 문제에서 범한 오류와 마르크스주의를 기회주의와 절충시키려는 그 악명 높은 경향에도 불구하고 이 저작은—힐퍼딩이 책의 부제로 쓴 것처럼—"자본주의 발전의 최근 단계"에 대한 매우 귀중한 이론적 분석을 보여준다. 실제로 최근 몇 년간 제국주의에 대해 언급된 것들은—특히 이 주제에 대한 엄청난 양의 신문·잡지 기사들과 결의안들, 예컨대 1912년 가을에 열

---

23 루돌프 힐퍼딩(1877~1941년)은 오스트리아 태생의 독일 정치인·언론인·마르크스주의 이론가이자 경제학자다. 당대에는 최고의 마르크스주의 경제이론가로 널리 인정받았으며 바이마르 공화국에서 두 번 재무장관을 역임했다. 1910년 발표한 『금융자본』은 "금융자본", "총카르텔", "창업자 이득" 등의 용어를 처음으로 제시했으며, 산업에 대한 은행의 영향력이 증대하면 독점기업과 카르텔이 나타나고, 이를 통해 경제적 제국주의와 전쟁이 일어나게 된다고 주장했다. 레닌은 힐퍼딩을 본질적으로 개량주의자·카우츠키주의자라고 생각했으나, 이 책 『제국주의, 자본주의의 최고 단계』를 저술하는 데 있어서 그의 책을 상세히 연구했으며 상당한 영향을 받았다.—옮긴이

렸던 켐니츠 대회와 바젤 대회[24]의 것들―이 두 저자가 서술했거나, 더 정확히 말하자면 총괄했던 생각들의 범위에서 벗어나지 않을 것이다…….

차후에 우리는 제국주의의 기본적인 경제적 특질들의 연관과 상호관계에 대해 가능한 한 좀 더 대중적인 형태로 간략하게 서술하고자 한다. 이 문제의 비경제적인 측면들에 대해서 고찰해보는 것도 충분히 가치 있는 일이지만 우리가 할 필요는 없을 것이다. 독자 모두가 흥미를 갖진 않을 인용 문헌과 여타 주들은 책자 말미에 실었다.

24 1912년 9월에 열린 독일 사회민주당의 켐니츠 대회와 같은 해 11월에 열린 제2인터내셔널 바젤 대회는 모두 그 결의로 사회민주주의자들은 곧 시작될 제국주의 전쟁에 적극적으로 반대해야 한다고 결정했다.―옮긴이

1장
생산의 집중과 독점[25]

25 마르크스는 『자본*Das Kapital*』 1권 25장 「자본주의적 축적의 일반 법칙」의 2절에서 자본의 "Konzentration"과 "Zentralisation"을 구분하는데, 한국과 일본 등에서는 이를 집적(集積)과 집중(集中)이라고 번역해왔다. 마르크스에 따르면 자본의 집적은 자본의 규모가 단순히 확대되는 것으로 "축적으로부터 직접 나오거나 또는 오히려 축적 그 자체와 동일한 것"이다. 반면 자본의 집중은 "자본가에 의한 자본가의 수탈이며, 다수의 소자본을 소수의 대자본으로 전환시키는 것"이다. 그런데 레닌은 이 책에서 내용적으로 "Zentralisation(집중)"을 가리키는 부분에서 대부분 "Konzentration(집적)"에 대응하는 번역어인 "칸첸트라치야(концентрация)"라는 단어를 사용하고 있으며 "Zentralisation(집중)"의 번역어인 "첸트랄리자치야(централизация)"는 거의 쓰지 않았다. 러시아어판 레닌 전집 및 일어판 주석에 따르면 이는 레닌이 읽은 『자본』 1권이 1872년에 나온 2판이었기 때문으로 추정된다. 이 판에서 마르크스는 아직 집적과 구별되는 집중이라는 단어를 따로 설명하고 있지 않으며 "이것은 축적 및 집적과 구별되는 진정한 집중이다"(854쪽)라는 현행 판본의 대목이 "이것은 축적과 구분되는 진정한 의미에서 집적이다"라고 되어 있다. 마르크스는 1875년에 나온 프랑스어판에서 처음으로 "Konzentration"과 "Zentralisation"이라는 두 용어를 명확하게 구분했다. 이 책에서는 레닌이 의도한 본래의 의미나 한국어 어감을 살리기 위해서는 "집중"이라고 번역하는 것이 낫다고 판단했다. 한편 이 장의 제목 "생산의 집중과 독점"은 원래 초판에서는 단수로 "독점"이라고 표기돼 있었으나 4판부터는 레닌의 원고대로 복수인 "생산의 집중과 독점들"로 정정되었다.—옮긴이

산업이 엄청나게 성장하고 점점 더 큰 기업들로 생산이 급속하게 집중되는 과정은 자본주의의 가장 고유한 특성들 중 하나다. 현대 산업통계 조사는 이 과정에 대한 가장 완벽하고 가장 정확한 자료를 제공해준다.

예를 들면 독일에서 제조업체 천 개 중 대기업, 즉 노동자 50명 이상을 고용하고 있는 업체는 1882년에는 3개, 1895년에는 6개, 1907년에는 9개였다. 그리고 노동자 100명당 이런 대기업에 속한 비중도 각기 22명, 30명, 37명꼴로 늘어났다. 하지만 생산의 집중은 노동자의 집중보다 훨씬 더 두드러지는데, 이는 대기업에서의 노동이 훨씬 더 생산적이기 때문이다. 증기기관과 전동기에 대한 자료가 이 점을 잘 보여준다. 독일에서 상업, 운송업 등을 포함해 넓은 의미에서 산업으로 불리는 것의 상황은 다음과 같다. 전체 326만 5,623개 업체 중 대기업은 3만 588개로 겨우 0.9퍼센트에 불과하다. 하지만 그들은 노동자 1,440만 명 중 570만 명, 즉 39.4퍼센트, 증기력 880만 마력 중 660만 마력, 즉 75.3퍼센트, 전력 150만 킬로와트 중 120만 킬로와트, 즉 77.2퍼센트를 사용하고 있다.

전체의 100분의 1도 안 되는 수의 기업들이 증기력과 전력 총량의 4분의 3 이상을 이용하고 있는 것이다! 총 기업수의 91퍼센트를 차지하는 (5명 이하의 노동자들을 고용한) 소기업 297만 개에 대한 몫은 증기력과 전력 총량의 7퍼센트에 불과하다! 거대기업 몇만 개가 모든 것이고, 수백만 개의 작은 기업들은 아무것도 아닌 것이다.

노동자 천 명 이상을 고용한 기업은 독일의 경우 1907년에 586개였다. 이 기업들은 전체 노동자의 거의 10분의 1(138만 명)과 증기력·전력 총합의 거의 3분의 1(32퍼센트)을 사용했다.[26] 앞으로 살펴보겠지만, 화폐자본과 은행들은 한 줌에 불과한 거대기업들의 이런 우월성을 훨씬 더 압도적으로 만든다. 게다가 그것은 글자 그대로 압도적인 탓에, 실제로 중소 규모는 물론 몇몇 대규모 '소유주들'까지 포함된 수백만 명이 겨우 몇백 명의 백만장자 금융자본가들에게 완전히 예속되어 있다.

현대 자본주의의 또 다른 선진국인 미국에서 생산의 집중은 훨씬 더 강하게 증대하고 있다. 미국의 통계는 좁은 의미의 산업만을 대상으로 연간 생산가치의 규모에 따라 기업을 분류한다. 1904년에 생산고가 100만 달러 이상인 큰 대기업들은 1,900개(전체 21만 6,180개 중 0.9퍼센트)가 있었다. 이 기업들은 총 140만 명의 노동자(전체 550만 명 중 25.6퍼센트)를 고용하고 56억 달러(전체 148억 달러 중 38퍼센트)의 생산고를 기록했다. 5년 후인 1909년, 이 수치는 각기 3,060개 기업(전체 26만 8,491개 기업 중 1.1퍼센트), 200만 명의 노동자(660만 명 중 30.5퍼센트), 90억 달러(전체 270억 달러 중 43.8퍼센트)의 생산고가 되었다.[27]

이 나라 모든 기업의 총생산 가운데 거의 절반이 전체 숫자

---

26 레닌 주 수치는 『독일제국 연감*Annalen des deutschen Reichs*』(1911년, 찬)에서 뽑은 것이다.

의 100분의 1밖에 안 되는 기업들의 손아귀에 있는 것이다! 그리고 이 3천 개의 거대기업들은 258개 산업부문을 망라하고 있다. 따라서 분명 집중이 일정 단계로 발전하면 저절로 독점에 접근한다고 말할 수 있다. 왜냐하면 거대기업들 수십 개가 자기들끼리 타협에 이르는 것은 쉬운 일인데다, 기업의 큰 규모 자체가 경쟁을 어렵게 만들고 독점으로 가는 경향을 낳기 때문이다. 이렇게 경쟁이 독점으로 변화하는 것은 최근 자본주의 경제의—가장 중요한 현상은 아닐지라도—매우 중요한 현상들 중 하나다. 그래서 우리는 이에 대해 좀 더 자세히 다룰 필요가 있다. 하지만 그 전에 오해가 생길 수 있는 한 가지 사실을 짚고 넘어가자.

미국의 통계는 250개 산업부문에 3천 개의 거대기업이 있다는 것을 보여준다. 그래서 얼핏 각 부문마다 12개씩의 거대기업이 존재하는 것처럼 보일 수 있다.

그러나 사실은 그렇지 않다. 모든 산업부문에 대기업들이 존재하는 것은 아니다. 최고 단계로 발전한 자본주의의 굉장히 중요한 특성은 기업결합, 즉 저마다 다른 산업부문들이 하나의 기업으로 결합하는 과정이 일어난다는 것이다. 그것은 원료 가공의 연속적인 단계들(예를 들면 철광석에서 선철을 제련하고, 선철을 강철로 제강하고, 그 강철로 여러 가지 완제품들을 생산하는 것)에 의해 일어날 수도 있고, 한 분야가 다른 분야에 보조적

---

27 레닌 주 『미국 통계 요약*Statistical Abstract of the United States*』, 1912년, 202쪽.

인 역할(예를 들면 폐기물이나 부산물의 가공, 포장재의 생산 등)을 할 때 나타나기도 한다.

힐퍼딩은 이렇게 쓴다. "기업결합은 경기순환상의 변동을 제거해 좀 더 안정적인 이윤율을 보장한다. 둘째로 기업결합은 중간상인의 개입을 없앤다. 셋째로 그것은 기술적 진보를 가능하게 하고 따라서 단독 기업에 비해 초과이윤을 획득할 수 있게 해준다. 넷째 그것은 (원료 가격의 저하가 완성품 가격의 저하보다 급속하지 않은) 심각한 불황기 동안 단독 기업에 비해 결합 기업에게 경쟁상의 우위를 강화시켜준다."[28]

독일의 부르주아 경제학자 하이만(Heymann)은 독일 철강산업에서의 '혼합 기업', 즉 결합 기업들에 대한 전문서적을 저술했는데, 거기에서 그는 "순수 기업들은 낮은 완제품 가격에 비해 높은 원료 가격에 압박받아 파멸한다"고 말한다. 그래서 이런 광경이 그려진다.

"한편에는 석탄 신디케이트로 굳게 조직된 수백만 톤의 석탄을 채취하는 대규모 석탄회사들이, 그리고 다른 한편에는 그것들과 밀접하게 연결된 강철 신디케이트를 지닌 대규모 제강공장들이 존재한다. 이런 거대기업들, 즉 연간 40만 톤의 강철을 생산하고, 원광석과 석탄을 엄청나게 채취하며, 강철 완제품들을 생산하고, 공장 지역의 숙소에 거주하는 1만 명의

---

28 레닌 주 『금융자본』, 러시아어 번역판, 286~7쪽.

노동자를 고용하고 있는, 때로는 철도나 항구까지 직접 소유하고 있는 이 기업들이 전형적인 독일 철강산업체다. 이렇게 해서 집적은 더욱더 진전되고 있다. 개별 기업들의 규모는 점점 더 커지고 있다. 하나의 산업분야에 속하든 서로 다른 산업분야들에 속하든 점점 더 많은 기업들이 거대한 기업들로 결합되며, 베를린의 여섯 개 대형 은행들이 이 과정을 지원하고 주재하고 있다. 독일의 광업은 집적에 대한 카를 마르크스의 학설이 옳다는 것을 정확하게 증명한다. 사실, 이것은 관세와 운임률로 산업을 보호하고 있는 나라에 관한 일이다. 독일 광업은 이제 수탈할 수 있을 만큼 충분히 성숙했다."[29]

예외적으로 양심적인 이 부르주아 학자는 이런 결론에 도달할 수밖에 없었다. 높은 무역장벽으로 산업을 보호하고 있다는 이유 때문에 이 사람이 독일을 특별하게 분류하는 것 같다는 점은 지적해둬야겠다. 하지만 그런 상황은 단지 집중 및 기업가들의 독점연합, 카르텔, 신디케이트 등의 형성을 촉진시켰을 뿐이다. 비록 좀 더 느리고 아마 다른 형태를 취할 수도 있지만, 자유무역 국가인 영국에서도 역시 집중이 독점으로 나아가고 있다는 점은 특히 중요한 사실이다. 헤르만 레비(Hermann Levy)[30] 교수는 영국의 경제 발전 수치들을 근거로

---

29 레닌 주 한스 기데온 하이만(Hans Gideon Heymann), 『독일 대규모 철강산업에서의 혼합 기업*Die gemischten Werke im deutschen Grosseiseugewerbe*』, 슈투트가르트, 1904년, 256쪽 및 278~9쪽.

하여 『독점, 카르텔, 그리고 트러스트*Monopole, Kartelle und Trusts*』라는 전문 연구서에서 다음과 같이 썼다.

"영국 기업들의 큰 규모와 높은 기술 수준 자체가 독점화 경향을 지니고 있다. 한편 집중은 기업에게 엄청난 양의 자본을 사용하게 만든다. 때문에 새로운 기업은 필요한 자본의 규모가 점점 더 많이 요구되는 상황에 처하게 되고, 새로운 기업의 출현은 어려워진다. 다른 한편으로는(그리고 우리는 이 점이 더 중요하다고 생각한다) 모든 새로운 기업들은 집중으로 형성된 거대기업의 수준에 도달하려 하면서 저마다 엄청난 양의 과잉 생산물을 생산해낼 것이다. 비정상적으로 수요가 증가할 경우에는 판매이익을 얻을 수 있겠지만, 그렇지 못할 경우 이 과잉 생산물들은 새로운 기업에게도, 기존의 독점연합들에게도 모두 손해가 되는 수준으로 가격을 떨어뜨릴 것이다." 보호관세가 카르텔 형성을 용이하게 하는 다른 나라들과 달리, 영국에서 기업가들의 독점연합과 카르텔, 트러스트는 대개 주요 경쟁 기업들의 수가 "20여 개"로 줄어들 경우에만 생겨난다. "대규모 산업에서 집중이 독점 형성에 미치는 영향은 여기에서 수정처럼 명백하게 드러난다."[31]

반세기 전 마르크스가 『자본』을 썼을 때, 압도적 다수의 경

30 헤르만 레비(1881~1949년)는 독일의 경제학자이자 소설가로 1910~33년에 하이델베르크 대학교 등에서 경제학 교수로 일했다. 1934년 나치의 박해를 피해 영국으로 망명했다.—옮긴이

제학자들은 자유경쟁을 '자연법칙'으로 여겼다. 자유경쟁이 생산의 집중을 낳고 집중이 일정한 발전 단계에 이르면 독점으로 전화한다는 자본주의에 대한 이론적·역사적 분석을 논증한 마르크스의 저작을 어용 학문은 침묵이라는 술책으로 말살하려 했다. 그러나 이제 독점은 사실이 되었다. 경제학자들은 개개의 독점 현상들을 기술하는 산더미 같은 책들을 써대면서도 "마르크스주의는 논파됐다"라고 입을 모아 선언하는 일을 계속하고 있다. 그러나 영국 속담에서 말하듯이 사실은 완고한 것[32]이고, 좋든 싫든 고려해야 하는 것이다. 사실이 보여주는 바, 예컨대 보호무역이냐 자유무역이냐 같은 개개 자본주의 국가들의 차이는 독점이 취하는 형태나 출현 시기처럼 별로 중요하지 않은 차이들을 낳을 뿐이다. 생산의 집중에 의해 독점이 형성되는 것은 현 단계 자본주의 발전의 보편적인 기본법칙이다.

유럽의 경우에는 새로운 자본주의가 낡은 자본주의를 확실하게 대체한 시기를 꽤 정확하게 단정할 수 있다. 바로 20세

---

[31] 레닌 주 헤르만 레비, 『독점, 카르텔, 그리고 트러스트』, 예나, 1909년, 286·290·298쪽.

[32] 영국 속담이 아니라 미국 2대 대통령을 지낸 존 애덤스가 한 말이다. 전체 문구는 다음과 같다. "사실이란 완고한 것이다. 우리의 소원, 우리의 의향, 우리의 열망이 지시한 것이 무엇이건 간에 그것들이 사실과 증거의 상태를 바꿀 수 없다." 애덤스가 미국 독립 이전 보스턴 학살 사건의 살인범으로 기소된 영국 군인들을 변호하면서 한 말이다.—옮긴이

기 초다. '독점 형성'의 역사를 개괄한 최근의 저작들 중 하나는 이렇게 쓰고 있다.

"1860년 이전의 시기에서도 몇 가지 자본주의적 독점의 사례들을 가져올 수 있다. 지금 매우 보편화된 형태들의 맹아를 그 중에서 발견할 수도 있다. 하지만 이 모든 것들은 분명 카르텔로 가는 전사(前史)일 것이다. 현대적인 독점의 진정한 출현은 가장 이르게 잡아도 1860년대가 되어서야 시작되었다. 독점이 성장한 첫 번째 주요한 시기는 1870년대의 국제적인 산업 불황에서 시작되어 1890년대 초까지 지속된다." "만약 이 문제를 유럽 차원에서 고찰한다면 자유경쟁 발전은 1860년대와 70년대에 정점에 이르렀다는 사실을 알 수 있다. 그 시기 영국은 낡은 형태의 자본주의 조직의 건설을 완성했다. 독일에서는 이 조직이 수공업 및 가내공업과의 결연한 투쟁에 들어가 그 자신의 존재 형태를 창출하기 시작했다."

"대변혁은 1873년의 파국에서, 아니, 정확하게 말하면 그것을 뒤따른 불황에서 시작되었다. 1880년대 초 거의 알아보기 힘들었던 휴지기와 1889년에 보기 드물게 강력하나 짧았던 호황기가 있긴 했지만 이 불황은 향후 유럽 경제사를 22년이나 장식했다." "1889~90년의 짧은 호황기 동안 이에 편승하기 위해 카르텔들이 많이 활용되었다. 이런 무분별한 노선은 카르텔이 없었을 경우보다 물가를 더 빠르고 더 높게 상승시켰고, 이 카르텔들은 거의 모두 파산이라는 무덤 속에서 치욕스러운 죽음을 맞았다. 다시 판매부진과 물가하락의 시기가 5년 동안 계속되었다. 하지만 산업계는 이제 옛날 분위기가 지배적이지 않았다. 불황은 더 이상 당연한 것, 즉 새로운 호경기 이전의 휴지기로만 보이던 것으로 여겨지지 않았다."

"그리고 여기에서 카르텔 운동은 그 두 번째 시기에 들어 갔다. 카르텔들은 일시적인 현상이 아니라 모든 경제활동의 기초들 중 하나가 되었다. 그것들은 원료가공을 필두로 차례로 다른 산업분야들을 장악하고 있다. 이미 1890년대 초에 카르 텔들은 코크스 신디케이트를 조직하고, 그 형태를 본따 석탄 신디케이트가 만들어졌지만 그런 카르텔 조직 방법은 본질적 으로 더 이상 발전하지 못했다. 19세기 끝무렵의 큰 호경기와 1900~3년의 공황은―적어도 광업과 철강업에서는―최초로 완전하게 카르텔의 보호 아래 있었다. 당시만 해도 그것은 아 직 새로운 것으로 보였지만, 이제 경제활동 대부분이 자유경 쟁에서 통상적으로 벗어나 있다는 것은 일반적인 인식에서 자 명한 사실이 되었다."[33]

33 레닌 주 테어도어 포겔슈타인(Th. Vogelstein), 「자본주의 산업의 금융 조직과 독점의 형성Die finanzielle Organisation der kapitalistischen Industrie und die Monopolbildungen」, 『사회경제학요강Grundriss der Sozialökonomik』 6편에 수록, 튀빙겐, 1914년. 또한 같은 저자의 『영국 과 미국의 철강산업 및 섬유산업의 조직 형태Organisationsformen der Eisenindustrie und Textilindustrie in England und Amerika』, 1권, 라이프 치히, 1910년도 참조.

따라서 독점의 역사를 핵심적으로 요약하면 다음과 같다. (1) 1860~70년대: 자유경쟁의 발전이 가장 높이, 정점에 도달한 단계. 독점은 눈에 잘 띄지 않는 맹아에 불과하다. (2) 1873년 공황 이후: 카르텔들은 장기간 발전했지만 아직 예외적이다. 그것들은 아직 견고하지 않으며, 일시적 현상이다. (3) 19세기 끝무렵의 호경기 및 1900~3년의 공황: 카르텔들은 모든 경제활동의 기초들 가운데 하나가 된다. 자본주의는 제국주의로 전화되었다.

카르텔들은 판매조건, 지불기한 등에 대해 서로 협약을 맺는다. 판매영역을 자기들끼리 나누고, 제품의 생산량을 결정하며, 가격을 정하고, 개별 기업들에게 이윤을 분배하는 등.

독일에서 카르텔의 수는 1896년에 약 250개, 1905년에는 약 1만 2천 개 회사가 참가한 385개로 집계되었다.[34] 하지만 이 수치들은 실제보다 낮춰 잡은 것임을 모두가 인정하고 있다. 앞에서 인용한 1907년 독일 산업통계 수치를 보면 이 1만 2천 개 거대기업들에 증기력과 전력 총량의 절반 이상이 집중되어 있다는 것을 명확하게 알 수 있다. 미합중국에서 트러스트

34 레닌 주 리서 박사(Dr. Riesser), 『독일 대은행들과 독일 총경제 발전과 관련된 그것들의 집중Die deutschen Großbanken und ihre Konzentration im Zusammenhange mit der Entwicklung der Gesamtwirtschaft in Deutschland』, 4판, 1912년, 149쪽. R. 리프만(Liefmann), 『카르텔과 트러스트 및 국민경제조직의 발전Kartelle und Trusts und die Weiterbildung der volkswirtschaftlichen Organisation』, 2판, 1910년, 25쪽.

의 수는 1900년에 185개, 1907년에 250개로 집계되었다. 미국의 통계는 모든 제조업체들을 개인회사와 주식회사로 분류한다. 1904년에는 23.6퍼센트, 1909년에는 4분의 1이 넘는 25.9퍼센트의 업체들이 후자에 속했다. 그 회사들에 속한 노동자들은 1904년에 70.6퍼센트, 1909년에 75.6퍼센트로 전체 노동자의 4분의 3을 차지했다. 생산규모는 각각 109억 달러와 163억 달러, 즉 총생산액의 73.7퍼센트와 79.0퍼센트를 기록했다.

특정 산업분야 총생산의 7, 8할이 카르텔과 트러스트의 수중에 집중되는 것은 흔한 일이다. 라인-베스트팔렌 석탄 신디케이트는 1893년 설립 당시 그 지역 전체 석탄 생산의 86.7퍼센트, 1910년에는 이미 95.4퍼센트의 집중을 이루었다.[35] 이런 식으로 탄생된 독점은 엄청난 수익을 보장하고, 막대한 규모의 기술적 생산단위들을 형성하게 된다. 미국의 유명 석유 트러스트인 스탠더드 석유회사[36]는 1900년에 설립되었다. "그 회사의 자본금은 1억 5천만 달러에 달했다. 그리고 1억 달러 상

---

35   레닌 주 프리츠 케스트너 박사(Dr. Fritz Kestner), 『강제적 조직화. 카르텔들과 국외자들 사이에 벌어지는 투쟁에 대한 연구 *Der Organisationszwang. Eine Untersuchung über die Kämpfe zwischen Kartellen und Aussenseitern*』, 베를린, 1912년, 11쪽.

36   1870~1911년에 미국 내의 거의 모든 석유의 생산·정유·판매·운송 등을 지배했던 존 D. 록펠러와 그의 동업자들이 이끈 거대한 독점기업이다. 1911년 반트러스트법 위반 혐의로 최고재판소의 해산 명령을 받아 33개에 이르는 주요 회사가 해체되었다.—옮긴이

당의 보통주와 1억 600만 달러 상당의 우선주가 발행되었다. 1900~7년 사이에 우선주에 지불된 이익배당은 각기 48, 48, 45, 44, 36, 40, 40, 40퍼센트로, 그 총액은 3억 6,700만 달러였다. 1882년에부터 1907년까지 8억 8,900만 달러의 순이익이 났으며, 그 중 6억 600만 달러가 이익배당금으로 지급되었고, 나머지는 자본준비금으로 적립되었다."[37] 1907년 "철강 트러스트(유나이티드스테이트스틸[38])에 속한 업체들의 노동자와 사무원 들은 모두 합하면 21만 180명이나 되었다. 독일 광산업의 거대기업인 겔젠키르헨 광산회사에는 1908년 노동자와 사무원이 4만 6,048명이 있었다."[39] 이미 1902년에 그 철강 트러스트는 철강 900만 톤을 생산했다.[40] 그 생산량은 1901년에 미국 철강 총생산량의 66.3퍼센트, 1908년에 56.1퍼센트를 차지했

---

37 레닌 주 R. 리프만, 『지주회사와 금융회사. 현대 자본주의와 증권제도에 관한 한 연구*Beteiligungs-und Finanzierlungsgesellschaften. Eine Studie über den modernen Kapitalismus und das Effektenwesen*』, 1판, 예나, 1909년, 212쪽.

38 흔히 US스틸이라고 불린다. 1901년 금융계 거물 J. P. 모건의 자본 지원 하에 당시 최대의 철강회사였던 카네기철강회사 등 10개 사를 통합하여 미국 사상 최초 14억 달러의 자본금으로 창립하였다. 처음부터 미국 철강 생산량의 약 65퍼센트를 차지했으며, 창립 이래 약 70년간 세계철강업계의 왕좌에 군림해왔다. 예전 같지는 않지만 현재에도 여전히 세계 유수의 철강회사로 존재하고 있다.―옮긴이

39 레닌 주 같은 책, 218쪽.

40 레닌 주 S. 치에르쉬키 박사(Dr. S. Tschierschky), 『카르텔과 트러스트 *Kartell und Trust*』, 괴팅겐, 1903년, 13쪽.

고[41], 각 해당 연도 철광석 채광량의 43.9퍼센트와 46.3퍼센트를 점유했다.

트러스트에 대한 미국 정부위원회의 보고서는 다음과 같이 말한다. "경쟁자들에 대해 트러스트들이 갖는 우월성은 거대한 경영 규모와 우수한 설비장치에 기초한다. 담배 트러스트는 설립 이래 손작업을 기계작업으로 대대적으로 교체하기 위해 모든 곳에서 모든 노력을 다했다. 담배 트러스트는 이 목적을 위해 담배 가공과 조금이라도 관련이 있는 특허라면 전부 다 사들였고, 거기에 엄청난 금액을 지출했다. 많은 특허들이 처음에는 쓸모없는 것으로 판명되었고, 트러스트에서 근무하는 기술자들에 의해 개선되어야 했다. 1906년 말에는 오직 특허 매점만을 위해 자회사 두 개를 만들었다. 역시 기계화를 목적으로 트러스트는 자체 주물공장, 기계공장, 수선공장 들을 세웠다. 브루클린에 있는 이런 시설 중 한 곳은 평균 300명의 노동자들을 고용하고 있다. 여기서는 담배, 소형 시가, 코담배, 포장용 은박지, 담뱃갑 등의 제조에 관련된 발명 실험들을 한다. 그 발명품들을 개선하는 일도 그곳에서 하고 있다."[42] "그

41 레닌 주 포겔슈타인, 『조직 형태*Organisationsformen*』, 275쪽.

42 레닌 주 『담배산업에 관한 기업국장의 보고*Report of the Commissioner of Corporations on the Tobacco Industry*』, 워싱턴, 1909년, 266쪽. 그리고 파울 타펠 박사(Dr. Paul Tafel), 『북아메리카의 트러스트들, 기술 진보에 대한 그것들의 영향*Die nordamerikanischen Trusts und ihre Wirkungen auf den Fortschritt der Technik*』, 슈투트가르트, 1913년, 48쪽에서 재인용.

리고 다른 트러스트들은 이른바 기술개발 기술자(developping engineer)들을 고용하고 있는데, 이들의 임무는 새로운 생산 방법을 고안해내고 기술개선을 시험하는 것이다. 강철 트러스트는 자사의 기술자와 노동자 들이 기술을 높이거나 비용을 줄일 수 있는 발명을 할 경우 큰 상금을 지급하고 있다."[43]

독일의 대공업, 예컨대 최근 몇십 년 동안 엄청나게 발전한 화학공업에서도 비슷한 방식으로 기술개선 사업이 진행되었다. 화학공업에서는 이미 1908년에 생산의 집중 과정이 두 개의 주요한 '그룹'을 탄생시켰는데, 이들 역시도 각기 나름의 방식으로 독점으로 발전해갔다. 처음에 이 '그룹'들은 자본금 규모가 각기 2천만~2,100만에 이르는 대규모 공장들이 두 쌍으로 짝을 지은 '2자 연합'이었다. 즉 한쪽에는 회흐스트의 옛 마이스트 공장과 프랑크푸르트의 카셀라 공장이 연합했고, 다른 쪽에는 루드비히스하펜의 아닐린소다 공장과 엘베르펠트의 옛 바이어 공장이 연합했다. 이후 한쪽 그룹은 1905년에, 다른 쪽 그룹은 1908년에 다시 각기 다른 대공장과 협정에 들어갔다. 그 결과 자본금이 각각 4천만에서 5천만 마르크인 '3자 연합'이 두 개 생겨났고, 이 두 '연합' 사이에서는 이미 '수렴', 즉 가격 등에 대한 '협약'이 시작되고 있다.[44]

43 레닌주 P. 타펠 박사, 같은 책, 48쪽.

44 레닌주 리서, 앞의 책, 3판, 547쪽 이하. 신문들(1916년 6월)은 독일 화학공업을 통합한 새로운 거대한 트러스트의 형성을 보도하고 있다.

경쟁은 독점으로 전화하고 있다. 그 결과 생산의 사회화가 엄청난 규모로 진행되고 있다. 특히 기술을 발명하고 개선하는 과정도 사회화된다.

이는 미지의 시장에 팔기 위해 생산하는, 서로에 대해 전혀 알지 못하는 분산된 생산자들 사이에서 벌어졌던 이전의 자유경쟁과 완전히 다른 것이다. 집중은 한 나라뿐 아니라, 뒤에서 살펴보겠지만 세계 전역의 많은 나라들에 있는 모든 원료산지(예를 들면 철광석 매장지)를 대략적으로 계산할 수 있는 지점에 이르렀다. 그런 계산이 이루어질 뿐만 아니라 이 산지들은 거대한 독점연합체들의 수중에 장악돼 있다. 시장의 규모에 대한 대략적인 계산이 이루어지고, 이 연합체들은 협약에 따라 그것을 자기들끼리 '분할한다.' 숙련노동력을 독점하고, 최고의 기술자들을 고용하며, 운송로 및 운송수단—미국의 철도, 유럽과 미국의 선박회사—들을 장악한다. 자본주의는 제국주의 단계에서 생산의 가장 광범위한 사회화에 바짝 다가간다. 말하자면 그것은 자본가들의 의지나 의식에 반하여 그들을 어떤 새로운 사회 질서, 완전한 자유경쟁에서 완전한 사회화로 가는 이행의 질서로 끌어들인다.

생산은 사회적인 것이 되고 있지만, 전유(專有)는 개인적인 것으로 남아 있다. 사회적 생산수단들은 소수의 사적소유로 남아 있다. 형식적으로 인정되는 자유경쟁의 전반적인 틀은 남아 있지만, 소수 독점가들의 나머지 주민들에 대한 억압은 백

배나 더 무거워지고, 더 부담스러워지고, 더 견디기 어려워진다.

독일 경제학자 케스트너는 '카르텔들과 국외자들 사이에 벌어지는 투쟁'을 다룬 전문적인 저서를 한 권 썼는데, 여기서 국외자들이란 카르텔에 속하지 않은 기업가들을 말한다. 케스트너는 이 책에 "강제적 조직화"라는 제목을 붙였으나, 자본주의를 미화하지 않으려면 당연히 독점가 연합으로의 강제적 종속화에 대해서도 이야기해야 했을 것이다. 그래도 '조직화'를 위해 독점가 연합들이 사용하고 있는 현대의 가장 새롭고 문명화된 투쟁수단들의 목록을 살펴보는 것은 유익한 일이다. (1) 원료 공급의 중단('카르텔 참가를 강제하기 위한 가장 중요한 방법들 중 하나'), (2) '담합'(즉 소속 노동자들이 카르텔에 속한 기업들에서만 일하기로 한 노동조합들과 자본가들 사이의 협정)에 의한 노동력 공급 중단, (3) 운송수단의 박탈, (4) 판로의 봉쇄, (5) 카르텔들하고만 거래관계를 맺기로 한 구매자들과 계약, (6) 조직적인 가격인하('국외자들', 즉 독점가들에 종속되지 않은 기업들을 파산시키기 위해, 일정 기간 원가 이하로 판매하는 데에 수백만을 지출한다. 가솔린산업에서는 40마르크에서 22마르크로, 즉 거의 절반으로 가격이 인하되었던 사례도 있었다!) (7) 신용거래 중단, (8) 불매운동.

우리 앞에 더 이상 소기업과 대기업의, 기술적으로 뒤처진 기업과 기술적으로 앞선 기업의 경쟁적인 투쟁은 존재하지 않는다. 우리 앞에 존재하는 것은 독점에 복종하지 않는 자들에 대해 독점이 행하는 교살, 억압, 전횡이다. 이 과정은 어느 부르주아 경제학자의 의식에 이렇게 반영되고 있다.

케스트너는 서술한다. "순수한 경제활동의 영역에서도 종전 의미의 상업 활동에서 조직적·투기적 활동으로 이동하는 경향이 나타나고 있다. 가장 큰 성공을 누리고 있는 것은 자신의 기술적·상업적 경험을 토대로 구매자들의 요구를 가장 잘 판단하여 잠재 상태에 있는 수요를 발견할 수 있는, 다시 말해 그것을 '열어놓을' 수 있는 상인이 아니라 투기의 천재(?!)들이다. 개별 기업들과 은행들 사이의 조직적인 발전, 일정한 관계가 맺어질 가능성 등을 예측하거나 적어도 예감 정도는 할 수 있는……."

이것을 일상적인 말로 번역하면 이러한 뜻이 된다. 즉 자본주의의 발전은, 상품생산이 여전히 '지배적이고' 모든 경제의 기초로 간주되고 있긴 하지만, 실제로는 이미 파괴되었으며 주요한 이윤은 금융 조작의 '천재'들에게 돌아가는 단계에 이르렀다는 것이다. 이러한 금융 조작과 협잡의 토대는 당연히 생산의 사회화다. 하지만 이렇게 사회화에까지 도달한 인류의 거대한 진보는 투기꾼들만 이롭게 하고 있는 것이다. 우리는 뒤에서, 자본주의적 제국주의에 대한 소시민적·반동적 비판자들이 바로 이러한 '토대 위에서' '자유롭고' '평화로우며' '공정한' 경쟁으로 되돌아가려고 꿈꾸는 것을 보게 될 것이다.

케스트너는 말한다. "카르텔 형성의 결과로서 나타난 지속적인 가격상승은 지금까지 가장 중요한 생산수단, 특히 석탄,

철, 칼륨에서만 관찰되었고 제조상품에서는 관찰되지 않았다. 가격상승과 관련된 이윤의 증가 역시 생산수단을 제조하는 산업에 국한되었다. 우리는 이 관찰에 다음과 같은 점을 덧붙여야 할 것이다. 카르텔 형성 덕분에 (반제품이 아닌) 원료를 가공하는 산업들은 완제품 산업의 희생을 바탕으로 하여 높은 형태로의 이익을 얻었을 뿐 아니라, 그 산업들에 대해 자유경쟁에서는 없었던 **지배적 위치**를 얻게 되었다."[45]

앞에서 강조 표시를 한 단어는 부르주아 경제학자들이 마지못해 아주 드물게 인정하는, 카를 카우츠키를 필두로 하는 현대의 기회주의 옹호자들이 어떻게든 발뺌하며 회피하려 애쓰는 사태의 본질을 여실히 보여준다. 지배와 그에 결부된 강압은 '자본주의 발전의 최근 단계'의 전형적인 특징이다. 이것은 전능한 경제적 독점의 형성으로부터 필연적으로 발생할 수밖에 없고, 실제로 발생했다.

카르텔들이 이용하는 수단의 또 다른 예를 살펴보자. 모든 원료산지들이나 주요 원료산지들을 장악할 수 있는 곳에서 카르텔의 출현과 독점의 형성은 특히 용이하다. 그렇다고 원료산지를 장악하는 것이 불가능한 다른 산업분야에서는 독점이 발생하지 않는다고 생각한다면 오산일 것이다. 시멘트산업의 원료는 어디에나 존재한다. 그러나 독일에서 이 산업은 강력하

45 레닌주 케스트너, 앞의 책, 254쪽.

게 카르텔을 형성하고 있다. 공장들은 남독일 신디케이트, 라인-베스트팔렌 신디케이트 등 지역 신디케이트로 연합하였다. 가격은 독점으로 고정되어 있다. 화차 한 량분당 제조비가 180마르크인데도 가격은 230~280마르크다! 기업들은 12퍼센트에서 16퍼센트의 이익배당금을 주고 있다. 게다가 현대의 투기 '천재들'이 분배받은 배당금 외에도 거액의 수익을 주머니에 챙길 수 있다는 점을 잊어서는 안 된다. 이렇게 수익이 높은 산업에서 경쟁을 제거하기 위해서라면 독점가들은 간계를 부리는 것도 마다치 않는다. 산업의 상황이 나쁘다는 거짓 소문을 유포하고, 신문에 "자본가들이여! 시멘트사업에 자본을 투자하는 것을 삼가라"고 익명의 경고를 게재하며, 종내에는 '국외자들의'(즉 신디케이트에 참여하지 않은 자들의) 회사들을 매수하고 그들에게 6만~8만에서 15만 마르크에 이르는 '양도금'을 지불한다.[46] 독점은 어디에서나 양도금을 지불하는 '얌전한' 방식에서 경쟁자들에게 다이너마이트를 사용하는 미국식 방법에 이르기까지 어디에서나 온갖 수단을 다해 자신의 진로를 개척해나간다.

카르텔이 공황을 없앨 수 있다는 것은 어떻게든 자본주의를 미화하려고 하는 부르주아 경제학자들이 퍼뜨린 이야기다. 반대로 몇몇 산업분야에서 형성된 독점은 자본주의 생산 전체

---

46 레닌 주 L. 에쉬베게(Eschwege), 「시멘트Zement」, 《디 방크Die Bank》, 1909년, 1호, 115쪽 이하.

에 고유한 무정부성을 강화하고 더욱 첨예하게 만든다. 자본
주의의 일반적 특징인 농업 발전과 공업 발전 간의 불균형도
더욱 확대된다. '독일 대은행들과 산업의 관계'에 대한 가장 훌
륭한 저작들 중 하나를 쓴 야이델스(Otto Jeidels)[47]가 인정한 바
처럼, 카르텔화가 가장 고도로 진전된 이른바 중공업, 특히 석
탄산업과 철강산업의 특권적인 위치는 나머지 산업분야들에
서 "무계획성의 증가"[48]를 불러오고 있다.

　뻔뻔스럽게 자본주의를 옹호하는 리프만[49]은 이렇게 말한
다. "국민경제가 발전하면 발전할수록 그것은 더욱 모험적인
기업들에게, 또는 외국기업들이나 발전하는 데 오랜 시간이 필
요한 기업들에게, 또는 마지막으로 단지 지역적인 중요성밖에
갖지 못하는 기업들에게 더욱더 의존하게 된다."[50] 결국 위험성

47　독일의 은행가 오토 야이델스(1882~1947년)를 가리킨다. 레닌이 언급
　　하고 있는 것은 『독일 대은행들과 산업의 관계, 특히 철강산업을 중심으
　　로 Das Verhältnis der deutschen Grossbanken zur Industrie mit besonderer
　　Berüchsichtigung der Eisenindustrie』인데, 그는 『제국주의에 대한 노트』
　　에서 이 책을 자세히 검토했다.—옮긴이

48　레닌 주 야이델스, 『독일 대은행들과 산업의 관계, 특히 철강산업을 중심
　　으로』, 라이프치히, 1905년, 271쪽.

49　로베르트 리프만(1874~1941년)은 독일의 경제학자로 프라이부르크 대
　　학교 교수로 오래 재직했으며, 카르텔과 트러스트에 대해 많은 연구를
　　수행했다. 나치 집권 이후 교수직을 박탈당하고 유대인에 대한 박해 속
　　에 사망했다.—옮긴이

50　레닌 주 리프만, 『지주회사와 금융회사. 현대 자본주의와 증권제도에 관
　　한 한 연구』, 434쪽.

이 커지는 것은 자본의 엄청난 증대와 관련되어 있고, 자본의 증대는 말하자면 물이 컵에서 흘러넘치듯이 자본이 해외로 흘러가는 것이다. 동시에 급격한 기술발전은 국민경제의 다양한 측면들 사이에 더 많은 불균형, 혼란, 위기의 요인들을 불러온다. 따라서 리프만도 이렇게 그것을 인정할 수밖에 없다. "아마도 인류는 멀지 않은 미래에 또다시 국민 경제조직에 영향을 미칠 기술분야의 대변혁에 직면하게 될 것이다." ······ 전기와 항공 ······ "보통 일반적으로 이런 근본적인 경제적 변화의 시기에는 격심한 투기가 일어난다."[51]

그런데 공황—대부분 경제적인 것이지만 꼭 경제적인 것만은 아닐 수도 있는 모든 종류의 공황—은 다시 집중으로, 독점으로 가는 경향을 엄청난 정도로 강화시킨다. 1900년의 공황, 우리가 알다시피 현대 독점의 역사에서 전환점 역할을 했던 그 공황의 중요성에 대한 야이델스의 고찰은 매우 유용하다.

"1900년 공황기에는 주요 산업분야의 거대기업들은 물론, 지금의 개념으로는 시대에 뒤떨어진 조직으로 이루어져 있던 기업들이 여전히 많이 존재했다. 이들은 산업 호경기의 파도를 타고 높이 오른 순수 기업(즉 결합되지 않은 기업)들이었다. 가격 저하와 수요 감소는 거대 결합 기업들에게는 전혀 영향을 끼치지 않았거나 아주 짧은 기간만 영향을 끼쳤지만, 이런 순

51 레닌주 같은 책, 465~6쪽.

수 기업들은 비참한 상태에 빠뜨렸다. 그 결과 1900년의 공황은 1873년의 공황과는 비교할 수 없을 정도로 엄청난 산업의 집중을 초래했다. 1873년의 공황도 좀 더 우수한 기업들을 일정하게 선별하는 역할을 했지만, 당시의 기술 수준으로는 그런 선별의 결과로 공황을 벗어나는 데 성공한 기업들이 독점으로 가는 것은 불가능했다. 이런 지속적인 독점은 그 분야의 매우 복잡한 기술, 방대한 조직과 자본력에 힘입어 오늘날의 철강 및 전기산업의 거대기업들에서나 매우 높은 수준으로 존재하며, 기계산업과 일부 금속 분야, 운송산업 등의 기업들에는 좀 더 낮은 수준으로 존재하고 있다."[52]

독점. 이 말은 "자본주의 발전의 최근 단계"를 설명하는 가장 결정적인 단어다. 하지만 우리가 은행들의 역할을 고려하지 않는다면, 현대의 독점들이 가진 진정한 힘과 중요성에 대한 우리의 이해는 극히 불충분하고 불완전하며 빈약한 것이 되리라.

<hr/>

52 레닌주 야이델스, 앞의 책, 108쪽.

2장
은행과 그것의 새로운 역할

은행의 가장 중요하고 기본적인 기능은 지불 과정을 중개하는 것이다. 은행들은 활동하지 않는 화폐자본을 활동적인 자본, 즉 이윤을 창출하는 자본으로 전환시키며, 온갖 종류의 화폐소득을 모아서 자본가계급의 관리에 맡긴다.

은행업이 발전하고 소수 업체로 집중됨에 따라, 은행들은 중개인이라는 겸손한 역할에서 벗어난다. 그들은 한 나라나 여러 나라의 자본가와 소자산가 들 전체가 가진 거의 모든 화폐자본과 생산수단과 원료산지 대부분을 지배하는 전능한 독점가로 변모한다. 수많은 겸손한 중개인들에서 한 줌의 독점가로의 이러한 변신은 자본주의가 자본주의적 제국주의로 성장전화하는 기본 과정 중 하나다. 그러므로 우리는 먼저 은행업의 집중에 대해 더욱 자세하게 살펴보아야 한다.

1907~8년 독일에서, 100만 마르크 이상의 자본을 보유한 주식은행들의 총예금액은 70억 마르크였다. 1912~3년에 이 총예금액은 이미 98억 마르크에 이르렀다. 5년 사이에 40퍼센트가 증가한 것이다. 그리고 증가한 금액인 28억 마르크 가운

데 27억 5천만 마르크는 천만 마르크 이상의 자본금을 지닌 57개 은행의 것이었다. 대은행과 소은행 사이의 예금액 분포 상황은 다음과 같다.[53]

| 예금총액의 백분율 |

	베를린의 대은행 9개	천만 마르크 이상의 자본을 소유한 기타 은행 48개	백만~천만 마르크의 자본을 소유한 은행 115개	소은행 (100만 마르크 이하 자본 소유)
1907~8년	47	32.5	16.5	4
1912~3년	49	36	12	3

소은행들은 대은행들에 밀려나고 있으며, 9개에 불과한 대은행들에 총예금액의 거의 절반이 집중되어 있다. 그러나 여기에는 아직 매우 많은 것들, 예를 들어 많은 소은행들이 사실상 대은행들의 지점으로 변한 것 등이 고려되지 않고 있다. 이에 대해서는 뒤에서 설명할 것이다.

1913년 말에 슐체-개베르니츠(Schulze-Gävernitz)[54]는 총예

---

53 레닌 주 알프레트 란스부르그(Alfred Lansburgh), 「독일 은행업의 5년 Fünf Jahre deutsches Bankwesen」, 《디 방크》, 1913년, 8호, 728쪽.

54 게하르트 폰 슐체-개베르니츠(1864~1943년)는 독일 경제학자로 프라이 부르크와 하이델베르크 대학교의 교수로 재직했다. 레닌은 『제국주의에 대한 노트』에서 그의 두 저작 『독일의 신용은행』과 『20세기 초 영국의 제국주의와 자유무역』을 비판적으로 검토했다.—옮긴이

금액 약 100억 마르크당 베를린의 9개 대은행의 예금액이 51억 마르크라고 산정했다. 예금액뿐 아니라 모든 은행자본을 고려하여 이 저자는 이렇게 서술했다. 1909년 말, 베를린의 9대 대은행은 그들과 제휴하고 있는 은행들과 합쳐서 113억 마르크, 즉 독일 은행자본 총액의 약 83퍼센트를 지배하고 있었다. 자신과 제휴하고 있는 은행들과 합쳐서 약 30억 마르크라는 금액을 장악하고 있는 도이체방크는 프로이센국유철도금고와 더불어 구세계에서 가장 규모가 크고 가장 분산화돼 있는 자본의 집약체다."[55]

나는 '계열' 은행이 언급된 부분을 강조했는데, 왜냐하면 그것이 최근 자본주의적 집중의 가장 중요하고 두드러진 특징들 가운데 하나기 때문이다. 대기업들, 특히 대은행들은 자신보다 작은 회사들을 직접 흡수하기도 하지만, 그 회사들을 자신들의 '계열로 만들고' 종속시켜 '자기' 그룹 또는 (전문 용어로는) '콘체른'에 포함시키기도 하는데, 이는 주식의 구매나 교환, 신용 체계 등을 이용해서 작은 회사들의 자본에 출자하여 주식을 보유함으로써 이루어진다.[56] 리프만 교수는 현대의 '지주(holdings)회사와 금융회사'에 대해 기술하기 위해 500페이지에 이르는 방대한 '노작'을 바쳤다.[57] 하지만 유감스럽게도 그 책은

---

55 레닌 주 슐체-개베르니츠, 「독일의 신용은행Die deutsche Kreditbank」, 『사회경제학요강Grundriß der Sozialökonomik』, 튀빙겐, 1915년, 12쪽과 137쪽.

제대로 해석되지도 못한 자료들에 굉장히 수상쩍은 '이론적' 고찰을 덧붙인 것일 뿐이다. 이런 출자를 통한 '지주'제도가 집중이라는 측면에서 어떤 결과를 가져오는가는, 그 자신도 은행가인 리서[58]가 독일의 대은행에 대해 쓴 책에 가장 잘 나타나 있다. 하지만 그의 자료들로 넘어가기 전에 '지주'제도의 구

---

56 여기서 '출자'라고 번역한 단어를 다른 번역본들에서는 '참여' 또는 '지주'라고 번역하고 있는데, 한국에서 '참여'라는 말은 종업원 지주 등을 통한 노동자들의 경영 참여를 연상시키고, '지주'라는 번역도 맥락상 어색하므로 이 단어에 대해서는 '출자'라는 번역어를 선택했고, 이후 문장과의 연결을 위해 주식을 보유했다는 설명을 덧붙였다. 그리고 "Beteiligungsgesellschaft"이나 "Beteiligungssystem"의 경우에는 '출자'라고 번역할 경우 정부를 포함한 다수의 주체들이 출자를 통해 세운 회사 또는 그것을 위한 제도라는 의미와 혼동되므로, '지주회사'와 '지주제도'로 번역했다. 실은 보통 '지주회사'로 번역되는 독일어 "Holdinggesellschaft"가 모회사와 계열사들을 연결시키고 자회사들을 그룹 회계에 통합시키는 '지배회사제도'를 의미하는 데 반해, "Beteiligungsgesellschaft"는 단순히 주주로서 자본을 조달하는 데 초점을 맞추는 회사라는 차이가 있지만, 한국에서 '지주회사' 개념은 '지배회사제도'뿐 아니라 다른 회사에 대한 자본 참가를 주목적으로 하는 회사를 포괄적으로 의미하기도 하므로, 이를 '지주회사'라고 번역하는 것이 무난하리라 판단했다.―옮긴이

57 레닌 주 R. 리프만, 『지주회사와 금융회사. 현대 자본주의와 증권제도에 관한 한 연구』, 1판, 예나, 1909년, 212쪽.

58 다름슈타트상공은행 은행장을 지냈으며 자유주의 성향의 정치인으로 활동했다. 레닌이 언급한 책은 리서의 『독일 대은행들과 독일 총경제 발전과 관련된 그것들의 집중』이다. 레닌은 이 책의 1910년 판본과 1912년 판본을 이용했는데, 『제국주의에 대한 노트』에서 새로운 판본에 추가된 자료들을 상세하게 분석했다.―옮긴이

체적인 예를 한 가지 들어보자.

도이체방크 '그룹'은 가장 크진 않더라도 가장 큰 은행 그룹들 가운데 하나다.[59] 도이체방크 그룹의 모든 은행들을 한데 연결시키는 중요한 끈을 확인하기 위해서는 1차, 2차, 3차의 지주 형태, 또는 결국 같은 말이지만 1차, 2차, 3차의 종속(도이체방크에 대한 군소 은행들의 종속)을 구분해야 한다. 그러면 다음과 같은 도표가 나온다.[60]

		직접 또는 1차 종속	2차 종속	3차 종속
도이체방크의 출자	상시적으로	17개 은행	17개 중 9개 은행이 다른 은행 34개에 출자	9개 중 4개 은행이 다른 은행 7개에 출자
	정해진 기한 없이	5개 은행	—	—
	간헐적으로	8개 은행	8개 중 5개 은행이 다른 은행 14개에 출자	5개 중 2개 은행이 다른 은행 2개에 출자
	합계	30개 은행	30개 중 14개 은행이 다른 은행 48개에 출자	14개 중 6개 은행이 다른 은행 9개에 출자

59 당시 독일 최대 은행은 흔히 '디스콘토 게젤샤프트'라고 불리던 베를린 할인은행이었다.—옮긴이

60 레닌 주 알프레트 란스부르그, 「독일 은행업에서 출자제도Das Beteiligungssystem im deutschen Bankwesen」, 《디 방크》, 1910년, 1호, 500쪽.

도이체방크에 '간헐적으로' 종속되는 '1차 종속' 은행 여덟 개 중에는 외국 은행 세 개가 포함되어 있는데, 하나는 오스트리아 은행(빈의 은행연합)이고 둘은 러시아 은행들(시베리아상업은행과 러시아무역은행)이다. 도이체방크 그룹에는 모두 87개 은행들이 직접적으로나 간접적으로, 또는 전체적으로나 부분적으로 포함되어 있다. 그리고 전체 자본—도이체방크가 직접 소유하고 있는 자본과 도이체방크의 통제를 받는 모든 은행들의 자본—은 약 20~30억 마르크로 추정된다.

　　이런 그룹의 전면에 있는, 국채발행처럼 특별히 크고 수익성이 높은 금융사업을 위해 자기보다 조금 규모가 작은 다른 은행 대여섯 개와 협약을 맺는 은행이란 이미 '중개인' 역할을 넘어서서 한 줌의 독점가들의 연합으로 변모한 것이 분명하다.

　　19세기 말부터 20세기 초까지, 독일에서 은행업의 집중이 얼마나 빠르게 진행되었는가는 다음에 간략하게 인용한 리서의 자료를 보고 알 수 있다.

| 베를린 6대 은행의 지점망 |

	독일 내 지점	출장소[61]와 환전소	상시적으로 출자하고 있는 독일 내 주식회사형 은행	모든 시설들의 합계
1895년	16	14	1	42
1900년	21	40	8	80
1911년	104	276	63	450

우리는 전국을 망라하는 촘촘한 연결망이 얼마나 급속히 확대되고 있는지를 보고 있다. 이 연결망은 모든 자본과 화폐 소득을 집중시키고, 분산되어 있는 수천, 수만의 기업을 단일한 전국적인 자본주의 경제로, 나아가 전세계적인 자본주의 경제로 전환시킨다. 우리 시대의 부르주아 정치경제학을 대표해 슐체-개베르니츠가 앞에 나왔던 인용문에서 언급한 "분산화"란 실제로는 이전에 비교적 '독립적'이었거나, 좀 더 정확히 말하면 국부적(지역적)이고 폐쇄적이었던 경제 단위들의 점점 더 많은 수가 단일한 중심에 예속되는 것을 의미한다. 사실상 이것은 **집중**이며, 다시 말해 거대 독점조직들의 역할과 중요성과 힘의 강화인 것이다.

보다 오래된 자본주의 국가들에서 이런 '은행망'은 더욱 조밀하다. 1910년에 아일랜드를 포함한 영국의 모든 은행들의 지점 수는 7,151개로 집계되었다. 4개의 대은행이 각각 400개 이상(447개에서 689개까지)의 지점들을 갖고 있었으며, 그 다음 4개의 은행은 각각 200개 이상의 지점들을, 또 다른 11개의 은행은 각각 100개 이상의 지점들을 갖고 있었다.

프랑스에서 가장 큰 3대 은행인 크레디료네, 파리국립할인은

61 레닌이 독일어 "Depositenkases"를 러시아어로 직역했는데 독일어 "Depositenkases"는 가장 일반적인 은행 업무를 수행하는 은행의 작은 지국을 의미하는 것이므로 '출장소'라고 번역하는 것이 적합하다고 본다.—옮긴이

행, 소시에테제네랄은 다음과 같이 영업과 지점망을 확장했다.[62]

	지점 및 출장소의 수			자본(10만 프랑)	
	지방	파리	총계	자기자본	외부자본
1870년	47	17	64	200	427
1890년	192	66	258	265	1,245
1909년	1,033	196	1,229	887	4,363

현대 대은행들의 '결속관계'를 보여주기 위해 리서는 독일에서뿐 아니라 전세계에서도 가장 큰 은행들 중 하나인 베를린할인은행[63](이 은행의 자본금은 1914년에 3억 마르크에 달했다)이 주고받은 서류의 양을 자료로 제시했다.

	수신 문서	발신 문서
1852년	6,135	6,292
1870년	85,800	87,513
1900년	533,102	626,043

62 레닌 주 오이겐 카우프만(Eugen Kaufmann), 『프랑스의 은행업*Das französische Bankwesen*』, 튀빙겐, 1911년, 356쪽과 362쪽.

63 1851년에 설립되어 19세기 후반 도이체방크와 독일 최대 은행 자리를 두고 다투던 은행이다. 1929년 도이체방크와 합병했다. 당시 은행들에 할인은행이라는 명칭이 흔했던 것은 당시 은행의 주요 업무 중의 하나가 어음할인이었기 때문이다.—옮긴이

파리의 대은행 크레디료네의 거래계좌 수는 1875년의 2만 8,535개에서 1912년에 63만 3,539개로 증가했다.[64]

아마 장황한 논문들보다 이런 간단한 수치들이, 자본의 집중 및 은행 거래의 증가가 은행의 의미를 근본적으로 변화시키고 있다는 것을 더 일목요연하게 보여줄 것이다. 흩어져 있던 자본가들은 하나의 집단적인 자본가가 되었다. 몇몇 자본가들을 위해 당좌계정[65]을 운영할 때 은행의 이 업무는 순수하게 기술적이고 완전히 보조적이다. 그러나 이러한 업무가 엄청난 규모로 증대되면 한 줌의 독점가들이 전체 자본주의 사회의 상공업 업무들을 자신들의 관할 아래 두게 된다. 왜냐하면 이들 독점가는—은행 거래 관계, 즉 당좌계정 및 기타 금융 업무들을 통하여—우선 개별 자본가들의 재정 상태를 정확히 파악할 수 있고, 그들의 신용을 제한하거나 확장하거나 막거나 쉽게 사용할 수 있게 함으로써 그들에게 **통제력과 영향력**을 행사하며, 마지막으로 그들의 수익을 결정하고 그들로부터 자본을 빼앗거나 그들이 자본을 빠르거나 대규모로 증가시키는 것을 허용

---

64 레닌 주 장 레스퀴르(Jean Lescure), 『프랑스에서의 저축L'épargne en France』, 파리, 1914년, 52쪽.

65 예금은 현금 또는 타인에게 받은 수표로 할 수 있으나 인출은 수표로 해야 하는 당좌예금을 위한 계정. 돈거래가 잦은 기업이 현금의 보관이나 출납의 번거로움과 위험성을 은행에 맡기기 위하여 이용된다. 이자가 없는 대신 기업 쪽에서는 일정 한도 내에서 예금 잔고 이상으로 돈을 인출할 수 있는 이점이 있다.—옮긴이.

하는 등 그들의 운명을 전적으로 좌지우지할 수 있기 때문이다.

우리는 방금 베를린할인은행의 자본금이 3억 마르크라는 사실을 언급했다. 베를린할인은행이 이렇게 자본을 늘린 것은 베를린의 양대 은행인 도이체방크와 베를린할인은행 사이에 벌어진 주도권 다툼에서 생겨난 부수적인 사건들 가운데 하나였다. 1870년에 아직 신흥업체였던 도이체방크의 자본금은 겨우 1,500만 마르크밖에 되지 않았다. 베를린할인은행의 자본금은 3천만 마르크였다. 그런데 1908년에는 도이체방크의 자본금이 2억 마르크, 베를린할인은행의 자본금이 1억 7천만 마르크였다. 1914년 도이체방크가 자본금을 2억 5천만 마르크까지 늘리자, 베를린할인은행은 또 다른 일급 대은행 샤프하우젠은행연합과 합병하여 자본금을 3억 마르크로 늘렸다. 물론 이러한 주도권 싸움은 두 은행들 사이의 '합의'가 점점 빈번해지고 공고해지는 것과 궤를 같이한다. 이러한 발전 과정은, 가장 온건하고 가장 신중한 부르주아 개량주의의 한계를 결코 벗어나지 않는 관점에서 경제 문제를 바라보는 은행업 전문가들에게 다음과 같은 결론을 내리게 만든다.

독일 잡지 《디 방크》[66]는 베를린할인은행의 자본금이 3억 마르크까지 증대한 것에 대해 이렇게 썼다. "다른 은행들도 똑

---

66 '은행'이라는 뜻의 독일의 금융계 잡지로, 1908년부터 1943년까지 베를린에서 발행되었다. 레닌은 이 책에서 《디 방크》에 실린 기사들과 수치들을 많이 인용했다. —옮긴이

같은 길을 따를 것이며 시간이 지남에 따라 지금 독일 경제를 지배하고 있는 300명은 점점 50명, 25명 또는 그 이하의 수로 줄어들 것이다. 최근의 집중 운동이 은행업에만 그칠 것이라고 예상해서는 안 된다. 개별 은행들의 관계가 긴밀해지면, 자연스럽게 그 은행들이 후원하는 산업 신디케이트들 간의 접근으로 이어질 것이다. …… 어느 날 우리는 잠에서 깨어나 눈앞에 오직 트러스트밖에 없는 것을 보고 눈을 비비며, 개인적 독점을 국가독점으로 바꿔야 하는 불가피성에 직면하게 될 것이다. 그럼에도 불구하고 우리는 사태의 발전을, 주식 조작으로 약간 촉진시키긴 했지만, 자연스럽게 그냥 내버려두었다는 것 외에는 원칙적으로 비난받을 게 아무것도 없다."[67]

이것이 바로 부르주아 언론이 보여주는 무능함의 전형이다. 부르주아 언론과 부르주아 학문의 차이는 사태의 본질을 흐리고 나무만 보고 숲을 보지 않으려는 데 있어서의 성실함과 열망의 정도 차이뿐이다. 집중의 결과들에 '놀라는 것', 자본주의적인 독일정부나 자본주의적인 '사회'('우리 자신들')를 '비난하는 것', 독일의 '카르텔' 전문가 치에르쉬키[68]처럼 "카르텔은 트러스트처럼 기술과 경제의 진보를 지나치게 촉진할 능력

---

67 레닌 주 A. 란스부르그, 「3억을 가진 은행Die Bank mit den 300 Millionen」,《디 방크》, 1914년, 1호, 426쪽

68 지크프리트 치에르쉬키(1872~1937년)는 독일의 법률가·경제학자로, 당대에 카르텔 전문가이자 옹호자로 유명했다.―옮긴이

이 없다"는 이유로 미국의 트러스트를 두려워하고 독일의 카르텔을 '더 선호하는 것',[69] 주식제도의 도입으로 집중이 더 촉진되지나 않을까 걱정하는 것—이것이 과연 무능함이 아니면 무엇이란 말인가?

그러나 사실은 사실일 뿐이다. 독일에는 트러스트가 없고 오직 카르텔만 있지만, 300명도 안 되는 대자본가들이 그것을 지배하고 있다. 그리고 그 대자본가들의 수는 계속 줄어들고 있다. 은행법은 나라마다 제각각이지만 자본주의 나라라면 어디에나 있는 은행들이, 자본 집중과 독점 형성의 과정을 한층 심화시키고 촉진시킨다.

"은행은 사회적 규모로, 그것이 단지 형태에 불과한 것일지라도, 일반적 부기와 생산수단의 일반적 분배의 형태를 만들어낸다." 마르크스는 반세기 전 『자본』에 이렇게 썼다(러시아어 번역본, 3권, 2책, 144쪽). 앞에서 인용한 은행자본의 성장, 가장 거대한 은행들이 가진 지점 및 출장소의 수와 그 계좌 수의 증가 등에 관한 수치들은 우리에게 전체 자본가계급의 "일반적 부기"를 구체적으로 보여준다. 그것은 비단 자본가들의 것으로만 한정되지 않는데, 왜냐하면 은행은 일시적으로나마 소자영업자들, 사무원들, 극소수 상층 노동자들의 것까지 모든 종류의 화폐수입을 긁어모으기 때문이다. "생산수단의 일반적 분

---

69 레닌 주 S. 치에르쉬키, 앞의 책, 128쪽.

배"는 형식적인 면에서 볼 때 수십억의 돈을 관리하고 있는 현대의 은행들―프랑스의 가장 큰 은행 3~6개와 독일에서 가장 큰 은행 6~8개―로부터 성장한 것이다. 하지만 실질적으로 보면 생산수단의 이러한 분배는 전혀 "일반적"이지 않고 사적인 것이다. 이런 독점자본은 주민대중들이 기아에 허덕이고, 농업 발전이 공업 발전에 절망적으로 뒤처지며, 공업 중에도 '중공업'이 나머지 모든 산업분야들로부터 조공을 뜯어가는 그런 조건에서 활동하는 대자본, 특히 거대독점자본의 이해와 부합한다.

자본주의 경제의 사회화와 관련하여, 저축은행과 우체국이 은행들과 경쟁하기 시작한다. 저축은행과 우체국은 은행들보다 '비집중화'되어 있어, 그 영향 범위에 있어 더 많은 지역을, 더 많은 시골을, 더 광범위한 주민 집단을 장악하고 있다. 다음의 자료는 미국의 한 위원회가 은행과 저축은행의 예금액 증가를 비교해놓은 것이다.[70]

| 예금액 |

단위: 억 마르크

	영국		프랑스		독일		
	은행	저축은행	은행	저축은행	은행	신용금고	저축은행
1880년	84	16	?	9	5	4	26
1888년	124	20	15	21	11	4	45
1908년	232	42	37	42	71	22	139

저축은행은 예금액에 대해 4퍼센트나 4.25퍼센트의 이자를 지불하기 때문에, "수익성 높은" 자본 투자처들을 찾아야 하며 어음 업무나 담보대출 업무 등도 취급할 수밖에 없다. 은행과 저축은행 사이의 경계는 "점차 사라지고 있다." 예를 들어 보쿰과 에르푸르트의 상업회의소는 저축은행이 어음할인 같은 "순수한" 은행 업무를 하는 것을 "금지"하고 우체국의 "은행 업무"를 제한할 것을 요구했다.[71] 은행계의 거물들은 국가독점이 자신들에게 예기치 못한 결과로 돌아오지 않을까 우려하고 있는 듯하다. 그러나 물론 이런 우려는, 비유하자면 한 사무실에 있는 두 계장이 서로에 대해 갖는 경쟁심을 넘어서지 않는다. 왜냐하면 한편으로 저축은행의 수십억 자본을 실제로 좌지우지하는 것은 결국은 바로 그 은행자본의 거물들이고, 다른 한편으로 자본주의 사회에 있어서 국가독점이란 파산에 직면한 이런저런 공업 분야의 백만장자들에게 소득을 보장하고 늘려주는 수단일 뿐이기 때문이다.

자유경쟁이 지배하던 예전의 자본주의가 독점이 지배하는 새로운 자본주의로 변화하는 것은 특히 증권거래소의 중요성이 줄어드는 것으로 나타난다. 《디 방크》는 이렇게 쓰고 있다. "증권거래소는 은행이 아직 발행된 증권의 많은 부분을 자기

---

70 레닌 주 『전국화폐위원회의 통계 *Statistics of the National Monetary Commission*』, 《디 방크》, 1910년, 2호, 1200쪽에서 인용.

71 레닌 주 《디 방크》, 1913년, 811쪽과 1022쪽. 1914년, 713쪽.

고객들에게 다 팔 수 없었던 옛 시절에 꼭 필요했던 거래 중개인 역할을 오래전에 중단했다."[72]

"'모든 은행이 증권거래소다'라는 말은 은행이 커지면 커질수록, 은행업의 집중이 진전되면 진전될수록, 더 많은 진실을 담게 된다.[73] "과거 1870년대에 젊은 혈기를 주체하지 못했던 증권거래소가"(1873년 증권거래소의 파탄[74], 회사 창업 스캔들[75] 등을 '미묘하게' 암시하고 있다.) "독일의 산업화를 야기했다면 …… 지금은 은행과 산업이 '자신의 힘만으로 끌고 나갈' 수 있다. 증권거래소에 대한 우리나라 대은행들의 지배는 …… 독일이라는 산업국가가 빈틈없이 조직되어 있다는 것을 나타낼 뿐이다. 만약 자동적으로 작동하는 경제법칙들의 영역이 그로 인해 좁아

---

72 레닌 주 《디 방크》, 1914년, 1호, 316쪽.

73 레닌 주 오스카르 슈틸리히 박사(Dr. Oscar Stillich), 『금융업과 은행업 Geld-und Bankwesen』, 베를린, 1907년, 169쪽.

74 1873년 5월 9일 오스트리아 빈의 증권거래소에서 갑작스럽게 주식가치가 폭락하여 독일 및 다른 나라들로 확산된 사태를 가리킨다. 1870년대 초에 신용 팽창, 회사 창업, 주식투기가 전례 없는 규모로 이루어졌는데, 이미 경제 위기의 징조들이 나타나기 시작했는데도 주식투기의 열기는 계속되었다. 결국 주식 대폭락으로 24시간 안에 수억 굴덴이 사라졌고 엄청난 수의 회사들이 파산했으며, 파탄은 곧바로 독일로 전파되었다.— 옮긴이.

75 1870년 프랑스-프로이센 전쟁 이후, 독일 자본주의는 급속하게 발전했지만, 1870년대 주식회사의 설립이 늘어나면서 여러 가지 스캔들들이 발생했다. 사업자들의 사기 거래, 토지와 유가증권에 대한 광적인 투기가 널리 행해졌다.—옮긴이.

지고, 은행을 통한 의도적인 통제 영역이 엄청나게 확대된다면 그 결과 소수의 수뇌부가 지는 국민경제에 대한 책임은 무한히 증대한다." 독일 제국주의의 옹호자이며 모든 국가의 제국주의자들에게 권위를 인정받는 독일 교수 슐체-개베르니츠는 이렇게 말하면서[76] '사소한 일' 한 가지를 어물쩍 넘기려고 애쓰고 있는데, 그것은 바로 은행을 통한 의도적인 **통제란 빈틈없이 조직된** 한 줌의 독점가들이 대중을 약탈하는 것으로 이루어진다는 사실이다. 부르주아 교수의 임무는 은행 독점조직들의 모든 역학을 밝히거나 그 모든 책략을 폭로하는 것이 아니라, 그것들을 미화하는 것이다.

마찬가지로, 더욱 권위 있는 경제학자이자 '은행가'인 리서 역시 부정할 수 없는 그 사실들을 아무 의미 없는 공문구들로 얼버무리고 있다. "이것은 증권거래소가 전체 경제 및 유가증권을 유통시키는 데 반드시 필요했던 특성, 즉 자신에게 모여드는 경제의 운동들에 대한 가장 정밀한 측정기일 뿐만 아니라 거의 자동으로 작동하는 조절자라는 특성을 점점 잃어버리고 있다는 것을 의미한다."[77]

바꾸어 말하면, 조절자로서 증권거래소를 반드시 필요로 했던 예전의 자본주의, 즉 자유경쟁 자본주의는 과거로 사라

---

76 레닌 주 슐체-개베르니츠, 「독일의 신용은행」, 『사회경제학요강』, 튀빙겐, 1915년, 101쪽.

77 레닌 주 리서, 앞의 책, 4판, 629쪽.

지고 있다는 것이다. 그 대신 자유경쟁과 독점이 혼합된, 무언가 분명히 이행적인 성격을 가진 새로운 자본주의가 도래했다. 당연히 이 최신의 자본주의가 무엇으로 '변화'하고 있는가 하는 문제가 떠오르지만, 부르주아 학자들은 이런 문제가 제기되는 것을 두려워하고 있다.

"30년 전에는 자유롭게 경쟁하는 경영자들이 '노동자들'의 손노동을 제외한 사업 활동의 9할을 수행했다. 지금은 **고용된** 사무직원들이 그런 정신노동의 9할을 수행하고 있다. 은행 업무는 그런 발전의 선두에 서 있다."[78] 이러한 슐체-개베르니츠의 고백은 또다시 최신의 자본주의, 즉 제국주의 단계의 자본주의가 무엇으로 이행하고 있는가 하는 문제에 부딪힌다.

집중화로 인해 자본주의 경제 전체의 꼭대기에 서게 된 소수의 은행들 사이에서 자연스럽게 독점적인 협정, 곧 은행 트러스트를 향한 움직임이 갈수록 뚜렷해지고 거세지고 있다. 미국에는 아홉 개가 아니라 두 개의 가장 큰 은행, 즉 억만장자 록펠러(Rockefeller)의 은행과 억만장자 모건(Morgan)의 은행이 110억 마르크의 자본을 지배하고 있다.[79] 독일에서는 증권거래소의 이해를 대변하는 신문 《프랑크푸르터 차이퉁 *Frankfurter Zeitung*》이 앞에서 언급한 바 있는 베를린할인은

---

78 레닌 주 슐체-개베르니츠, 「독일의 신용은행」, 『사회경제학요강』, 튀빙겐, 1915년, 151쪽.

79 레닌 주 《디 방크》, 1912년, 1호, 435쪽.

행의 샤프하우젠은행연합 인수합병에 대해 다음과 같은 평가를 지면에 실었다.

"은행의 집중이 진행됨에 따라, 큰 액수의 대출 요구를 할 수 있는 기관의 범위는 갈수록 좁아지고, 그 결과 극소수의 은행 콘체른들에 대한 대공업의 종속성이 증가한다. 이러한 산업과 금융의 유착으로 말미암아 은행자본에 의존하는 산업회사는 활동의 자유를 제약받게 된다. 때문에 대공업은 은행들의 트러스트화(연합 또는 트러스트로 전환)가 강화되는 것을 복잡한 심경으로 따르고 있다. 실제로 개개의 대은행 콘체른 사이에서 경쟁을 제한하기 위해 모종의 협정을 맺는 조짐이 이미 몇 차례 나타났다."[80]

또다시 은행업 발전의 마지막 단어는 독점인 것이다.

은행과 산업 사이의 긴밀한 유착에 대해 말하자면, 은행의 새로운 역할이 아마도 가장 뚜렷하게 드러나고 있는 곳은 바로 이 영역일 것이다. 은행이 사업가에게 어음을 할인해주고 당좌계정을 개설해주는 등의 경우, 이 업무들 하나하나로 보면 이 사업가가 가진 독립성은 조금도 줄어들지 않으며 은행도 중개자라는 겸손한 역할에서 벗어나진 않는다. 그러나 이런 업무들이 점점 잦아져서 지속적인 것이 된다면, 은행의 수중에 막대한 자본이 '집결'된다면, 은행이 회사의 당좌계정을 운영하

---

80 레닌주 슐체-개베르니츠, 앞의 책, 155쪽에 있는 인용.

면서 고객의 경제 상황을 점점 더 자세히 점점 더 완전하게 알
수 있게 된다면(이것이 바로 지금 벌어지고 있는 일이다), 그 결과 산
업자본가는 은행에 더욱 완벽하게 종속당하게 된다.

이와 동시에 은행들과 가장 큰 상공업 기업들 사이에 이른
바 인적 결합, 즉 주식 소유를 통해, 또 은행 이사가 상공업 기
업의 감독이사회(또는 경영이사회)[81]에 참여하거나 그 반대의 경
우를 통해 이쪽과 저쪽의 융합이 발전한다. 독일 경제학자 야
이델스는 이러한 자본과 기업의 집중 형태에 대해 아주 자세
한 수치들을 수집했다. 베를린의 6대 은행은 344개 공업 기업
에서 이사들을 통해, 407개 공업 기업에서 중역들을 통해, 모
두 751개 회사에서 자신의 이해를 대변하고 있다. 이 은행들은
289개 회사의 감독이사회에서 각각 두 자리씩을 갖고 있거나
의장직을 차지하고 있다. 우리는 이러한 상공업 회사들 속에서
매우 다양한 공업 분야들과 보험업, 운수업, 식당, 극장, 예술
산업 등을 볼 수 있다. 한편 이 6대 은행의 감독이사회들에는
(1910년 현재) 크루프 사[82]나 대형 해운회사 하파크(함부르크-아메

---

81 독일어 "Aufsichtsrat"와 "Vorstände"의 번역어. 독일에서는 이사회를 감
    독이사회와 경영이사회로 나눈다.―옮긴이

82 1811년에 설립된 독일의 철강 및 군수회사다. 20세기 초반 유럽에서 가
    장 큰 기업이었다. 나치 정권에 적극 협조하여 대포, 전차, 군함, 잠수함
    등 무기 생산을 하며 전성기를 누렸으나, 전쟁이 끝나고 전범 재판에서
    유죄 판결을 받고 연합국 관리 아래 들어갔다. 1999년 독일의 경쟁 철
    강기업인 티센과 합병하여 티센크루프가 되었다.―옮긴이

리카 노선)[83] 등의 이사들을 비롯해 대산업의 실업가 51명이 참여하고 있었다. 1895년에서 1910년까지 6대 은행들은 각기 수백 개, 즉 281개에서 419개에 이르는 회사들을 위해 주식 및 채권발행에 참가했다.[84]

은행과 산업의 '인적 결합'은 그 양쪽과 정부의 '인적 결합'으로 보완된다. 야이델스는 이렇게 썼다. "감독이사회의 이사직은 당국과 관계에서 여러 가지 편의(!!)를 줄 수 있는 명망가나 전직 정부 관리들에게 자연스레 돌아가곤 한다. …… 대은행의 감독이사회에서 국회의원들이나 베를린 시의원들을 흔히 볼 수 있다."

따라서 거대 자본주의 독점조직들의, 말하자면 그 생성과 완성은 '자연적'이고 '초자연적'인 모든 수단에 의해 전속력으로 진행되고 있다. 현대 자본주의 사회의 금융왕 수백 명 사이에서 일정한 분업이 체계적으로 이루어진다.

"대산업의 실업가 개개인의 활동 영역이 (은행 이사회에 참여하는 등) 확대되고, 은행의 지부장들(Provinzdirektoren)이 특정한 공업지대 한 곳을 전담하게 되는 것과 동시에 대은행의

83　하파크(HAPAG)는 함부르크-아메리카 우편선회사(Hamburg-Amerikanische Packetfahrt-Actien-Gesellschaft)의 약자이다. 1847년 설립되었으며 1970년 노르드도이처로이트(Norddeutscher Lloyd)와 합병하여 하파크로이트(Hapag-Lloyd AG)가 되었다. 하파크로이트는 현재 독일 최대의 해운회사이다.—옮긴이

84　레닌 주 야이델스, 앞의 책. 리서, 앞의 책.

경영자들 사이에서도 〔특정 분야에 대한〕 일종의 전문화가 증가한다. 이는 오직 은행업 전체의 규모가 크고, 특히 산업과의 관계가 대규모로 이루어지고 있을 때 가능한 일이다. 이러한 분업은 두 방향으로 수행되는데, 한편으로는 그 산업과 모든 거래가 이사 한 명의 전문 영역으로 위임되고, 다른 한편으로는 각 이사들이 〔감독이사회의 참가자로서〕 업종과 이해관계에 따라 하나 또는 여러 개의 유사한 기업들의 감시를 담당한다."(자본주의는 이미 개별 기업을 조직적으로 감독하는 데까지 성장한 것이다.) "독일 내 산업, 때때로 독일 서부의 산업이"(독일 서부는 독일에서 가장 공업화된 지역이다.) "어떤 한 사람의 전담 업무가 되고, 외국의 정부 및 산업과 관계, 인적 정보, 주식 거래 등이 다른 사람들의 전문 업무가 된다. 그 외에도 각 은행 이사들은 〔감독이사로서 발언권을 보유한〕 고유한 담당 업종이나 담당 지역을 가지는 경우가 많다. 예컨대 어떤 사람은 주로 전력회사의 감독이사회에서, 어떤 사람은 화학공장이나 양조공장이나 제당공장에서, 또 어떤 사람은 소수의 개별 제조업체들과 〔많은 경우〕 보험회사 〔같은 비제조업 회사〕들의 감독이사회에서 활동한다. …… 확실한 것은 대은행의 사업적 규모가 커지고 다양성이 증대함에 따라 은행 경영자들 사이에서도 분업이 크게 증대하고 있다는 것인데, 그 목적은 그들을 순수한 은행 업무에서 어느 정도 끌어올려, 산업의 일반적인 문제와 개별 업종의 특수한 문제들에 관해 더 나은 판단력과 전문성을 갖추게 하고, 이를 통해 은행이 영향을 미치는 산업 영역 내에서 더욱 적극적으로 활동할 수 있게 만드는 것이다(그리고 그러한 결과를 낳고 있다). 이러한 은행 시스템은 산업 전문가들, 특히 철도와 광업 계통에 종사하던 기업가나 전직 관료 들을 은행의 감독이사회에 선출하려는 노력으로 보완된다."[85]

형태는 조금 다르지만 프랑스의 은행업에서도 동일한 시스템을 볼 수 있다. 예를 들어, 프랑스의 3대 은행 가운데 하나인 크레디료네는 특수한 금융조사국(service des etudes financieres)을 설치했다. 여기서는 항상 50명 이상의 기사, 통계전문가, 경제학자, 법률가 들이 일하고 있다. 이 기관은 매년 60만~70만 프랑의 경비를 쓰고 있다. 그것은 여덟 개의 부서로 나뉘어 있는데, 한 부서는 전문적으로 산업기업에 관하여 정보를 수집하고, 다른 부서는 전반적인 통계를 연구하며, 세 번째 부서는 철도회사와 기선회사를, 네 번째 부서는 유가증권을, 다섯 번째 부서는 재정보고서 등을 연구한다.[86]

그 결과, 한편으로는 양자의 융합, 곧 N. I. 부하린(Bukharin)이 적절하게 표현한 대로 은행자본과 산업자본의 결합이 증가하며, 다른 한편으로는 은행이 진정 '보편적 성격'을 가진 기관으로 성장전화[87]하게 되는 것이다. 우리는 이 주제를 가장 탁

85 레닌 주 야이델스, 앞의 책, 157~8쪽.
86 레닌 주 《디 방크》, 1909년, 2호, 851쪽 이하에 실린 프랑스 은행들에 대한 오이겐 카우프만의 글.

월하게 연구한 저술가 야이델스가 이 문제에 관해 정확히 표현한 구절을 그대로 인용하는 것이 필요하다고 생각한다.

"산업과 맺는 관계들을 총체적으로 고찰한 결과로서, 산업에 작용하는 금융기관의 **보편적 성격**이 드러난다. 다른 형태의 은행들과 반대로, 때때로 문헌에서 제기하는 은행이 발밑의 기반을 잃지 않기 위해서는 특정 지역이나 업종에 전문화되어야 한다는 요청과 반대로, 대은행들은 가능한 다양한 지역과 업종의 산업 기업들과 융합을 추구하고, 개별 기업의 역사로 설명되는 지역적·산업적 [자본][88] 분포의 불균등을 점차 제거하려 한다." "산업과 융합을 일반화시키는 것이 하나의 경향이며, 그 융합을 영속적이고 강고하게 만드는 것이 또 하나의 경향이다. 이 두 경향 모두 6대 은행에 완벽하게는 아니지만 이미 상당히, 그리고 매우 비슷한 수준으로 실현되고 있다."

상공업계에서는 은행의 '테러리즘'에 대한 불평이 자주 들려온다. 그리고 다음의 사례가 보여주는 것처럼 대형 은행들이 '호령하던' 시절에 그러한 불평이 울려퍼진 것은 놀라운 일이 아니다. 1901년 11월 19일에 베를린의 이른바 D은행들(4개 최

---

87 초판에는 출판사에서 이를 임의적으로 '변화(превращéние)'라고 바꾸었다가 전쟁 이후 출판된 판에서부터 레닌이 사용한 원래 단어인 'перерастáние(성장전화)'로 복구되었다고 한다.(러시아어판 주석 참조)—옮긴이

88 레닌이 독일어 원본을 러시아어로 옮기는 과정에서 삽입한 단어로 보인다.—옮긴이

대 은행들의 이름이 문자 D로 시작한다[89]) 중 하나가 독일 중부 북서 시멘트 신디케이트 이사회에 다음과 같은 편지를 보냈다. "귀사가 이달 18일 제국신문[90]에 게재한 공고로 판단컨대 당사는 이달 30일에 열리는 귀사의 총회에서 당사가 받아들이기 적절치 않은 변화를 귀사의 사업에 초래할 수 있는 결정이 채택될 가능성에 대해 우려하지 않을 수 없습니다. 이러한 이유로 매우 유감스러운 일이지만 당사는 지금까지 귀사가 이용하던 신용을 정지할 수밖에 없게 되었습니다. …… 그러나 만일 언급된 총회에서 당사가 받아들이기 어려운 결정이 내려지지 않고, 이 점에 관련하여 장래에도 그럴 것이라는 적당한 보장이 이루어진다면, 우리는 기꺼이 새로운 신용 제공에 관한 교섭에 응할 용의가 있다는 점을 밝힙니다."[91]

그 불평은 대자본의 억압에 대해 소자본이 하는 불평과 본질상 동일하다. 다만 여기서는 커다란 신디케이트가 '소'자본 취급을 당하고 있을 뿐이다! 소자본과 대자본의 오랜 투쟁이 새로운, 아득히 더 높은 발전 단계에서 재개되고 있는 것이다. 수십억의 자본을 가진 대은행의 기업들이 예전과는 비교도

89 도이체방크(Deutsche Bank), 베를린할인은행(Disconto-Gesellschaft), 드레스덴은행(Dresdner Bank), 다름슈타트상공은행(Darmstädter Bank für Handel und Industrie)을 가리킨다.─옮긴이

90 러시아어판에는 모 신문이라고 되어 있다.─옮긴이

91 레닌 주 오스카르 슈틸리히 박사, 앞의 책, 147쪽.

할 수 없는 수단으로 기술진보를 촉진할 수 있으리란 것은 자명한 일이다. 예를 들어 은행들은 기술연구를 위해 특별한 단체들을 설립하는데, 그 성과는 물론 그들과 '친밀한' 산업기업들에게만 돌아간다. 이런 단체들로는 전기철도문제연구협회나 중앙과학기술연구소 등이 있다.

대은행의 경영자들이 국민경제의 새로운 조건이 형성되고 있는 것을 보지 못할 수 없다. 하지만 그들은 그 앞에서 할 수 있는 것이 없다.

야이델스는 이렇게 썼다. "최근 몇 년간, 대은행의 경영진과 감독이사회의 인사 변동을 관찰한 사람이라면 산업의 전반적 발전에 적극적으로 개입하는 것이 대은행의 필수적이며 점점 더 긴급해지는 과제라고 생각하는 사람들이 점차 지배권을 장악하고 있다는 사실을, 또 이로 인해 그들과 은행의 더 나이든 경영진들 사이에서 업무상뿐 아니라 잦은 개인적 충돌이 나타나고 있다는 사실을 알아차릴 수밖에 없다. 이 경우 근본적인 문제는 은행이 산업의 생산 과정에 깊이 개입하는 것으로 인해 금융기관으로서 본연의 사업에 해가 되지는 않는가, 또 신용의 중개와는 아무 관계가 없으면서 전보다 훨씬 더 산업 경기의 맹목적인 지배에 노출되는 영역으로 은행을 끌어 들이는 활동을 위해 견실한 원칙과 안정적인 이윤이 희생되지는 않는가 하는 것이다. 많은 고참 은행 경영진들은 이렇게 주장한다. 반면 신진 경영진들의 대다수는 현대의 대규모 산업 발전이 대은행과 오늘날의 산업적인 은행 사업을 불러일으킨 것과 똑같이 산업 문제들에 대한 적극적인 개입은 필연적인 것이라고 생각한다. 다만 대은행의 새로운 활동에 있어서 아직은 확고한 원칙도, 구체적인 목적도 존재하지 않는다는 점에서는 양측 모두 의견을 같이하고 있다."[92]

옛 자본주의는 수명을 다했다. 새로운 자본주의는 무엇인가로 이행해가는 과정이다. 독점과 자유경쟁을 '화해'시키기 위한 '확고한 원칙과 구체적인 목적'을 발견하는 것은 물론 가망 없는 일이다. 실무자들의 고백은 '조직된' 자본주의의 매력을 상투적으로 찬양하는 슐체-개베르니츠, 리프만과 그 비슷한 '이론가'들 같은 자본주의 옹호자들과는 전혀 다른 울림을 갖고 있다.

대은행의 '새로운 활동'이 최종적으로 확립된 시기는 언제인가, 이 중요한 문제에 대해 우리는 야이델스에게서 상당히 정확한 답을 발견한다.

"새로운 대상, 새로운 형태, 새로운 기관을 가진 산업관계, 즉 중앙집권적인 동시에 분산적으로 조직된 대은행은 1890년대 이전에는 특징적인 경제 현상으로 거의 형성되지 않았다. 어떤 면에서는 그 출발점을 대규모 '합병'과 함께 산업적 은행 정책에 기초한 분산적 조직이라는 새로운 형태가 처음 도입된

92 레닌주 야이델스, 앞의 책, 183~4쪽.

1897년으로까지 앞당겨 잡을 수도 있을 것이다. 또는 이 시점을 조금 더 뒤로 미룰 수도 있는데, 왜냐하면 (1900년의) 공황이 집중화 과정을 산업과 은행에서 크게 촉진·강화시켰고, 처음으로 산업과 연계를 대은행의 실질적인 독점으로 전화시켰으며, 그것을 더더욱 긴밀하고 강하게 만들었기 때문이다."[93]

따라서 20세기, 그것은 옛 자본주의에서 새로운 자본주의로의, 자본 일반의 지배에서 금융자본의 지배로의 전환점이다.

93 레닌주 같은 책, 181쪽.

3장
금융자본과 금융과두제

힐퍼딩은 이렇게 쓰고 있다. "산업의 자본 가운데 그것을 사용하는 산업가들의 것이 아닌 부분이 끊임없이 증대하고 있다. 산업가들은 이 자본의 소유자들을 대표하는 은행을 통해서만 이 자본을 사용할 수 있다. 한편 은행은 자기가 가진 자본의 점점 더 큰 부분을 산업에 투자하지 않으면 안 되며, 이리하여 성격상 점점 더 산업자본가가 되어간다. 이러한 방식으로 현실적으로 산업자본으로 전환되는 은행자본, 즉 화폐 형태의 자본을 나는 금융자본이라고 부른다." 금융자본이란 "은행에 맡겨져 있으면서 산업가가 사용하는 자본"이다.[94]

이 정의는 가장 중요한 특징 중의 하나를 지적하지 않기 때문에 불완전한 정의다. 그것은 바로 생산과 자본의 집중은 독점으로 나아가고 있거나, 이미 독점에 도달했을 정도로 현저하게 진전했다는 것이다. 하지만 힐퍼딩의 저술 전체는 전반적으로 **자본주의적 독점**의 역할을 강조하고 있으며, 이 정의를 내린

94 레닌주 R. 힐퍼딩, 『금융자본』, 모스크바, 1912년, 러시아어판, 338~9쪽.

장 앞의 두 장은 특히 더 그러하다.

생산의 집중, 그로부터 성장한 독점조직들[95], 은행과 산업의 융합 또는 유착, 그것은 금융자본의 발생사인 동시에 금융자본이란 개념의 내용인 것이다.

우리는 이제 자본주의적 독점조직들의 '경영'[96]이 상품생산과 사적소유라는 일반적인 환경에서 어떻게 필연적으로 금융과두제의 지배가 되는가에 대한 기술로 넘어가야 한다. 유념해야 할 것은 리서, 슐체-개베르니츠, 리프만 등과 같은 독일—아니, 단지 독일에서만이 아닌—부르주아 학문의 대표자들은 죄다 제국주의와 금융자본의 옹호자라는 점이다. 이자들은 과두제가 형성되는 '역학'과 수법, 그것의 '정당하거나 부당한' 소득의 규모, 과두제와 의회의 유착관계 등을 파헤치기는커녕 그것을 윤색하고 미화한다. 이자들은 거드름 피우는 애매모호한 문구들을 통해, 은행 이사들의 '책임감'에 호소하고 프로이

---

95 레닌은 독점을 복수형으로 많이 쓰고 있는데, 일어판에서는 이를 대개 '독점체'라고 번역하고 있다. 이 책에서는 구체적인 독점조직을 가리키는 것이 분명한 경우 '독점조직들'이라고 번역했다.—옮긴이

96 원문의 "하쟈이니챠니에(хозяйничанье)"의 원형인 "하쟈이니차띠(хозяйничать)"는 원래 '경영하다', '살림살이를 돌보다'라는 뜻이지만, '주인 행세를 하다', '제멋대로 행동하다'라는 뜻도 있다. "하쟈이니챠니에"라는 명사는 두 번째 의미로 사용되는 것이 보통이지만, 여기에서 레닌은 독점조직의 '경영' 자체가 '제멋대로' 하는 것을 통해 금융과두제의 지배가 되는 것을 이야기하고 싶었기 때문에 '하쟈이니챠니에'에 따옴표를 붙인 것으로 보인다.(일어판 주석 참조)—옮긴이

센 관리들의 '의무의식'을 치켜세우는 것을 통해, '감독'과 '규제'에 관한 전혀 중요하지 않은 법안들을 미주알고주알 진지하게 분석하거나, 예를 들면 리프만 교수가 도달한 다음과 같은 '과학적' 정의처럼 시답잖은 이론적 유희를 통해 그 '빌어먹을 문제들'을 회피한다. "상업이란 재화를 모으고, 보관해서, 그것을 사람이 사용하도록 제공하는 것을 목적으로 하는 생업활동이다."97 (강조는 그 교수의 저서 그대로) 그렇다면 상업은 교환을 아직 몰랐던 원시인에게게도 존재했고, 사회주의 사회에도 존재할 것이다!

그러나 금융과두제의 무시무시한 지배라는 무시무시한 사실은 눈에 띨 수밖에 없기 때문에, 모든 자본주의 국가들에서, 즉 미국, 프랑스, 독일에서도 **부르주아적 관점**에 서 있으면서도 금융과두제를 대체로 올바르게 묘사하고—물론 소시민적인 관점이긴 하지만—그것을 비판하고 있는 문헌들이 나타나고 있다.

무엇보다 중요하게 보아야 할 것은, 앞에서 이미 얼마간 서술한 '지주제도'다. 이 제도에 아마도 누구보다도 빨리 눈을 돌린 독일의 경제학자 하이만은 사태의 본질을 다음과 같이 서술하고 있다.

"경영자는 본사〔말 그대로 '모회사'〕를 통제하고, 그 회사

97 레닌주 R. 리프만, 앞의 책, 476쪽.

는 다시 그것에 의존하는 회사(자회사)를 지배하며, 자회사는 다른 종속회사(손자회사)를 지배한다. 이렇게 해서 그다지 크지 않은 자본을 갖고서도 거대한 생산부문들을 지배할 수 있는 것이다. 실제로 자본의 50퍼센트를 가지고 주식회사를 언제나 충분히 통제할 수 있다면, 경영자는 100만 마르크의 자본만 갖고도 '손자회사'에서 800만 마르크의 자본을 통제할 수 있다. 이런 '연쇄관계'가 더욱 확대된다면, 100만 마르크로 1,600만 마르크, 3,200만 마르크 등을 통제할 수도 있는 것이다."[98]

실제로 경험이 보여주는 바로는 주식의 40퍼센트만 소유하면 충분히 주식회사의 사업을 운영할 수 있다.[99] 뿔뿔이 흩어져 있는 소주주의 상당수는 실제로 주주총회에 참가하는 등의 일을 결코 할 수 없기 때문이다. 주식 소유의 '민주화'라는 것에서 부르주아적인 궤변가와 기회주의적인 '얼치기 사회민주주의자'들은 '자본의 민주화', 소규모 생산의 역할과 중요성의 증대 등을 기대하고(또는 기대하는 척하고) 있지만, 이 주식 소유의 '민주화'는 사실 금융과두제의 위력을 증대시키는 방법의 하나인 것이다. 덧붙이자면, 더 선진적거나 더 오래되어 '경험이 풍부한' 여러 자본주의 나라들에서 더 작은 액면의 주식을

---

98 레닌 주 한스 기데온 하이만, 『독일 대규모 철강산업에서 혼합 기업』, 슈투트가르트, 1904년, 268~9쪽.

99 레닌 주 리프만, 『지주회사와 금융회사. 현대 자본주의와 증권제도에 관한 한 연구』, 1판, 258쪽.

법률로 허용하고 있는 것이 그런 까닭이다. 독일에서는 액면이 천 마르크 이하인 주식을 발행하는 것은 법적으로 허용되지 않는다. 그래서 독일 금융계의 거두들은 법적으로 1파운드(20마르크, 약 10루블)짜리 주식도 발행할 수 있는 영국을 부러운 눈으로 바라본다. 독일의 거대산업가로 '금융왕' 중 한 명인 지멘스(Siemens)[100]는 1900년 6월 7일 제국의회에서 "1파운드 주식은 영국 제국주의의 기초"[101]라고 말했다. 이 장사꾼이 러시아 마르크스주의의 창시자로 여겨지고 있는, 제국주의란 특정 민족의 사악한 특성이라고 생각하는 어느 무례한 저술가[102]보다 제국주의가 무엇인가에 대해 더 깊이 있고 더 '마르크스주의적'인 관점을 갖고 있는 것이 분명하다.

그러나 '지주제도'는 독점가들의 권력을 엄청나게 증대시키는 데 복무하고 있을 뿐 아니라, 그들이 처벌당할 위험 없이 교묘하고 더러운 방법으로 대중을 갈취할 수 있게 한다. 왜냐하

100 1847년, 과학자이자 발명가인 에른스트 베르너 폰 지멘스(1816~92년)와 기계공 요한 게오르크 할스케(Johann Georg Halske, 1814~90년)가 지멘스란 회사를 설립했다. 이 회사는 1차 세계대전 무렵 이미 세계 굴지의 기업으로 성장했으며, 지금도 독일 최대의 전기·전자기기 제조사다. 본문에 언급된 지멘스는 창업주 베르너 폰 지멘스의 뒤를 이어받아 1904년까지 회사를 경영한 그의 동생 카를 하인리히 폰 지멘스(Carl Heinrich von Siemens, 1829~1906년)를 가리키는 듯하다.─옮긴이

101 레닌 주 술체-개베르니츠, 『사회경제학요강』, 2권, 110쪽.

102 러시아 최초의 마르크스주의자로 불리는 게오르기 플레하노프를 가리킨다.─옮긴이

면 형식적으로 '모회사'의 경영자들은 '독립적'이라고 여겨지는 '자회사'에 대한 법적인 책임을 지지 않지만, 자회사를 통해서 모든 것을 '할' 수 있기 때문이다. 독일 잡지 《디 방크》 1914년 5월호에 실린 사례 한 가지를 보자.

"카셀에 있는 스프링용 강철 제조 주식회사는 수년 전에는 독일에서 가장 수익이 높은 기업 중 하나로 간주되었다. 그러나 부실한 경영으로 인해 배당율이 15퍼센트에서 0으로 곤두박질쳤다. 이 회사의 경영진이 주주들의 허락도 받지 않고, '자회사' 중 하나인, 명목상 자본금이 수십만 마르크밖에 되지 않는 하시아유한회사에 600만 마르크를 대부해주었다는 사실은 나중에야 밝혀졌다. '모회사'의 주식자본의 거의 세 배 액수인 이 대부는 모회사의 대차대조표에 전혀 기재되지 않았다. 이와 같은 은폐가 법적으로는 완전히 적법한 것이었기 때문에, 이 비밀은 만 2년이 되도록 밝혀지지 않았다. 이것은 상법의 어떤 규정에도 저촉되지 않았다. 책임자로서 이 허위 대차대조표에 서명한 감독이사회 회장은 당시 카셀상공회의소의 회장이었으며 지금도 그렇다. 주주들은 한참 후, 그 대부가 실패[이 글을 쓴 사람은 실패라는 단어에 인용부호를 달았어야 마땅하다]한 것이 확실해져서야 그 사실을 알았고, 사정을 미리 알았던 사람들이 벌써부터 스프링용 강철 제조 주식회사의 주식을 팔아치우고 있었기 때문에 주식 가격은 거의 100퍼센트까지 떨어져 있었다."

"주식회사에서는 매우 흔한 대차대조표의 눈속임 곡예의 이 전형적인 실례는 주식회사들의 이사회가 개인 기업가보다 훨씬 가볍게 위험한 일을 시작하는 이유를 이해하게 해준다. 현대의 대차대조표 작성 기술은 이사회가 그 위험을 일반 주주들에게 은폐할 가능성을 제공할 뿐 아니라, 실험이 실패한 경우에는 주요 당사자가 적당한 시기에 그 주식을 매각하여 피해에서 벗어날 가능성도 제공한다. 반면 개인 기업가는 자신이 하는 일의 전부를 전적으로 책임져야 한다."

"많은 주식회사의 대차대조표는 위에 씌어 있는 글자를 먼저 지워야만 그 아래에 있는 글의 의미를 해독할 수 있는 중세시대의 복기지(palimpsest)와 비슷하다."(복기지란 먼저 쓴 글씨를 덧칠해서 지우고 그 위에 다른 글씨를 쓴 양피지다.)

"대차대조표의 진짜 의미를 볼 수 없게 하는 수단으로 가장 간단해서 가장 자주 이용되는 방법이 '자회사'를 설립하거나 합병함으로써 단일한 사업을 몇 개 부분으로 분할하는 것이다. 이 제도의 이점은—합법적이든 불법적이든—다양한 목적들에 있어서 너무도 분명하기 때문에, 이 제도를 이용하지 않는 대회사는 오늘날 극히 예외적일 정도다."[103]

글쓴이는 가장 광범위하게 이 제도를 이용하고 있는 거대 독점회사의 예로 저 유명한 알게마이네 엘렉트리지태츠 게젤

---

103 레닌 주 L. 에쉬베게, 「자회사Tochtergesellschaften」, 《디 방크》, 1914년, 1호, 545쪽.

샤프트[104](이 회사에 대해서는 나중에 다시 이야기할 것이다)를 들고 있다. 1912년에 이 회사는 175~200개의 회사에 출자하여, 당연히 이들을 지배하면서 전체적으로 약 15억 마르크의 자본을 통제하고 있었던 것으로 추정된다.[105]

선의를 지닌―즉 자본주의를 옹호하고 미화하려고 하는 선의를 지닌―대학교수와 관리 들이 대중의 주의를 그쪽으로 돌리려 하는 규제법규, 대차대조표 공개, 일정 양식에 따른 대차대조표 작성, 감시기구 설립 등은 어떠한 의미도 갖지 못한다. 왜냐하면 사적소유는 신성한 것이며, 누군가가 주식을 사고 팔고 교환하고 담보를 잡히는 등의 일은 그가 누구라 해도 금지할 수 없기 때문이다.

러시아 대은행에서 '지주제도'가 얼마나 발전했는지는 E. 아가트(Agahd)가 제시하고 있는 자료를 보고 판단할 수 있

---

104 보통 줄여서 아에게(AEG)라고 부른다. 1883년 엔지니어였던 에밀 라테나우(Emil Rathenau)가 설립한 독일에디슨회사(Deutsche Edison Gesellschaft)에서 출발하여 1887년 회사명을 알게마이네 엘렉트리지태츠 게젤샤프트(Allgemeine Elektrizitäts-Gesellschaft), 즉 종합전기회사로 바꾸었다. 나치에 적극적으로 협력한 독일 대기업 중 하나로 1940년까지 확장일로를 걸으며 지멘스와의 경쟁에서 우세를 점하기도 했지만, 2차 대전 이후에는 예전 위상을 찾지 못하고 20세기 후반 들어 지속적으로 경영 위기를 겪다가 1997년 해체되었다.―옮긴이

105 레닌 주 쿠르트 하이니히(Kurt Heinig), 「전기 트러스트의 진로Der Weg des Elektrotrusts」, 《노이에 차이트Die Neue Zeit》, 1912년, 30권, 2호, 484쪽.

다. 그는 러시아-중국 은행의 직원으로 15년 동안 근무한 사람으로 1914년 5월에 『대은행과 세계 시장*Großbanken und Weltmarkt*』[106]이라는 별로 적합하지 않은 제목의 책을 출간했다. 저자는 러시아의 대은행들을 두 개의 주요 그룹으로 분류한다. 즉 (a) '지주제도'하에서 활동하고 있는 은행과, (b) '독립(이때의 '독립'은 외국 은행으로부터의 독립이라는 뜻으로 자의적으로 해석되고 있다)해 있는' 은행으로 나누고 있는 것이다. 저자는 '출자'와 지배에 참여하고 있는 외국 대은행들의 국적에 따라, 첫 번째 그룹을 세 개의 하위 그룹, 즉 (1) 독일의 출자, (2) 영국의 출자, (3) 프랑스의 출자로 나누고 있다. 또 저자는 은행의 자본을 (상업과 공업에) '생산적'으로 투자된 것과 (증권업무와 금융업무에) '투기적'으로 투자된 것으로 구분한다. 그는 태생적인 소부르주아적·개량주의적 관점에서, 자본주의를 유지한 채로도 두 번째 형태에서 첫 번째 형태를 분리하여 두 번째 것을 제거할 수 있다고 생각한다.

그가 제시한 수치는 다음과 같다.

106 레닌 주 E. 아가트, 『대은행과 세계 시장. 러시아 국민경제 및 독러 관계에 대한 대은행의 영향이라는 관점에서 본 세계 시장에서 대은행의 경제적·정치적 중요성*Großbanken und Weltmarkt. Die wirtschaftliche und politische Bedeutung der Großbanken im Weltmarkt unter Berücksichtigung ihres Einflusses auf Rußlands Volkswirtschaft und die deutsche-russischen Beziehungen*』, 베를린, 1914년.

| 은행자산 |

단위: 100만 루블

러시아 은행그룹			생산적으로 투자된 자본	투기적으로 투자된 자본	총계
(a)	(1) 4개 은행	시베리아상업은행, 러시아은행, 국제은행, 할인은행	413.7	859.1	1,272.8
	(2) 2개 은행	상공업은행, 러시아–영국은행	239.3	169.1	408.4
	(3) 5개 은행	러시아–아시아은행, 상트페테르부르크 민영은행, 아조프–돈은행, 모스크바연합은행, 러시아–프랑스 상업은행	711.8	661.2	1,373.0
	(11개 은행) 합계		1,364.8	1,689.4	3,054.2
(b)	8개 은행	모스크바상인은행, 볼가–카마은행, 융커회사은행, 상트페테르부르크 상업은행 (구 바벨베르그 은행), 모스크바 은행 (구 리아부신스키은행), 모스크바할인은행, 모스크바상업은행, 모스크바민영은행	504.2	391.1	895.3
	(19개 은행) 합계		1,869.0	2,080.5	3,949.5

이 수치에 따르면, 이 대은행들의 '운전'자본[107]을 구성하는 약 40억 루블 중 4분의 3 이상, 즉 30억 루블 이상을 소유하고 있는 것이 외국 은행, 주로 파리의 은행(유명한 은행 트리오, 즉 파리은행연합, 파리-네덜란드 은행, 소시에테제네랄)과 베를린의 은행(특히 도이체방크와 베를린할인은행)의 사실상의 '자회사'에 불과한 은행들이다. 러시아의 2대 대은행인 러시아은행(러시아 외국무역은행)과 국제은행(페테르부르크국제상업은행)은 1906년과 1912년 사이에 자본금을 4,400만 루블에서 9,800만 루블로, 적립금을 1,500만 루블에서 3,900만 루블로 증가시켰는데, 그 "4분의 3이 독일 자본이다." 앞의 은행은 베를린의 도이체방크 콘체른에 속해 있고, 후자는 베른린의 베를린할인은행 콘체른에 속해 있다. 선량한 아가트는 베를린의 은행들이 주식의 대부분을 갖고 있고, 그로 인해 러시아의 주주들이 무력하다는 사실에 진심으로 분노하고 있다. 자본을 수출한 나라들이 단물을 빨아먹고 있는 것은 말할 필요도 없다. 예를 들어 베를린의 도이체방크는 시베리아상업은행의 주식을 베를린으로 갖고 가서 1년간 금고 깊숙한 곳에 넣어두었다가, 그 뒤 100대 193의 비율, 액면가의 거의 2배 가까운 상장가로 팔아 약 600만 루블의 이득을 '벌어들였다.' 이런 이득을 힐퍼딩은 "창업자 이득(promoter's profits)"[108]이라고 불렀다.

---

107 독일어 arbeitenden Kapital, 영어 working capital을 번역한 것이다. 기업자본 중에서 일상적인 기업 운영에 필요한 부분을 뜻한다.—옮긴이

이 저자는 페테르부르크 대은행들의 전체 '자금력'을 80억 루블이 넘는 82억 3,500만 루블, 거의 82.5억 루블로 산정하고 있는데, 그렇게 하면서 그는 외국 은행의 '출자', 더 정확히 말하면 지배를 프랑스 은행들 55퍼센트, 영국 은행들 10퍼센트, 독일 은행들 35퍼센트로 나누고 있다. 그의 계산에 따르면, 총액 82억 3,500만 루블 중 36억 8,700만 루블, 즉 40퍼센트 이상이 신디케이트들, 즉 프로두골과 프로다메트[109] 및 석유·야금·시멘트산업 신디케이트들의 수중에 있다. 자본주의적 독점조직들의 형성으로 인한 은행자본과 산업자본의 융합은 러시아에서도 이렇게 엄청난 진전을 이루었다.[110]

몇몇의 손아귀에 집중되어 사실상 독점을 이루고 있는 금

108 회사 창업 시 발행한 주식의 액면가격과 실제 시장가격의 차이로 얻는 이득을 말하는데, 힐퍼딩에 따르면 "창업자 이윤(Gründergewinn)"은 "평균이윤율을 얻는 자본과 평균이자율을 얻는 자본 사이의 차이"가 나타나는 것으로, "이윤 낳는 자본을 이자 낳는 자본으로 전환시킬 때만 발생한다."(『금융자본』, 한국어판, 149~50쪽)—옮긴이

109 프로두골은 도네츠 석탄분지 광물자원 무역회사를 의미한다. 혁명 전 러시아 탄광산업에서 가장 큰 독점조직이었다. 프랑스와 벨기에 자본가들이 1904년에 주식회사로 설립하여 1906년부터 영업을 시작했는데, 대개 프랑스와 벨기에 국적의 대형 석탄회사들을 지배했다. 한때 소속 회사가 24개에 이르렀지만, 1915년 말에 해체되었다. 프로다메트는 러시아 야금공장 생산품 판매회사다. 혁명 전 러시아 산업 최대의 독점조직이었다. 프로다메트 신디케이트는 1902년 프랑스·독일·벨기에·러시아 은행들의 자본으로 1902년 설립되었다. 1차 대전 직전 우랄 산맥 지대를 제외한 러시아 야금공업의 90퍼센트를 장악하고 있었다. 1918년 소비에트 정부에 의해 국유화되었다.—옮긴이

융자본은 창업, 유가증권 발행, 국채 등을 통해 갈수록 불어나고 있는 막대한 이윤을 획득하면서, 금융과두제의 지배를 강화하고, 독점가의 배를 채울 공물을 사회 전체로부터 걷어들인다. 힐퍼딩은 여기서, 미국 트러스트들의 '경영'[111] 방식에서 흔히 볼 수 있는 사례들 가운데 하나를 제시한다. 1887년에 해브메이어[112]는 15개의 작은 회사들을 결합하여 자본총액이 650만 달러에 이르는 설탕 트러스트를 설립했다. 그런데 이 트러스트의 자본은 미국식 표현으로 '물을 먹여'[113] 5천만 달러로 부풀려져 공표되었다. 이 '과대자본화'는 유나이티드스테이츠 철강이 장래의 독점이윤을 계산에 넣어 미리 최대한의 철광산을 사들이는 것과 마찬가지로, 장래의 독점이윤을 염두에 둔 것이었다. 실제로 이 설탕 트러스트는 독점가격을 설정해서, 일

---

110 레닌은 이 책을 합법 출판물로 출간하려고 했기 때문에, 러시아 제국주의에 대해서는 최대한 언급을 자제했다. 하지만 그가 러시아 제국주의도 연구했음은 『제국주의에 대한 노트』를 볼 때 분명하다. 레닌은 아가트의 책 외에도, A. N. 자크의 『러시아 산업에서 독일인과 독일 자본』, B. 이쉬하니안의 『러시아 국민경제에서 외국의 요소』 등의 저서들을 활용했다.(일어판 및 러시아어판 주석 참조)—옮긴이

111 76쪽에 있는 96번 옮긴이 주를 참조하라.—옮긴이

112 이 회사는 1891년 지주회사 체제를 갖추며 미국제당회사로 이름을 바꾸었는데, 이 역시 일반적으로 설탕 트러스트로 불렸다. 1907년에 이 회사는 미국 설탕 생산의 98퍼센트를 통제하고 있었다.—옮긴이

113 영어 단어 'water'에는 주식 등을 실자산보다 높게 평가한다는 뜻이 있다.—옮긴이

곱 배나 '물을 먹인' 자본에 대해 10퍼센트의 배당을 할 수 있을 정도로 엄청난 이윤을 얻었다. 트러스트를 설립할 당시 실제로 투입한 자본금의 약 70퍼센트를 배당금으로 지불할 수 있었던 것이다! 1909년에 이 트러스트의 자본금은 9천만 달러였다. 22년 만에 자본금이 열 배 이상 증가한 것이다.

프랑스에서 '금융과두제'의 지배는(『프랑스의 금융과두제에 반대한다Contre l'oligarchie financière en France』는 뤼시스(Lysis)[114]가 쓴 유명한 책의 제목이다. 1908년에 5판이 나왔다.) 아주 조금 다른 형태를 취했다. 거대은행 네 개가 유가증권 발행에 있어 상대적 독점이 아니라 '절대적 독점'을 누리고 있다. 이는 사실상 '대은행들의 트러스트'다. 그리고 독점은 증권발행을 통해 독점이윤을 보장한다. 차관이 발생하면, 차관을 받는 나라가 총액의 90퍼센트 이상을 가져갈 수 없는 것이 보통이고, 10퍼센트는 은행 등 중개자의 수중에 떨어진다. 4억 프랑의 러시아-청나라 차관에서 은행이 얻은 이윤은 8퍼센트나 되었으며, 8억 프랑의 러시아 공채(1904년)에서는 10퍼센트, 6,250만 프랑의 모로코 공채(1904년)에서 18.75퍼센트였다. 소규모 고리대자본에서 발전을 시작한 자본주의는 거대한 고리대자본으로서 그 발전을 마치는 것이다. 뤼시스는 "프랑스인은 유럽의 고리대금업자"라고 말한다. 경제생활의 모든 조건이 이러한 자본주의의 변질

114 뤼시스는 프랑스 언론인 외젠 르타이외르(Eugène Letailleur, 1869~1927년)의 필명이다.—옮긴이

때문에 심각한 변화를 겪고 있다. 인구, 공업, 상업, 해운업의 정체에도 불구하고 이 '나라'는 고리대금업으로 부유해질 수 있다. "800만 프랑의 자본을 대표하는 50명이 4개 은행에 예치된 20억 프랑을 통제할 수 있다." 우리가 이미 알고 있는 '지주'제도 역시 똑같은 결과를 가져온다. 거대은행의 하나인 소시에테제네랄이 '자회사'인 이집트제당회사의 회사채 6만 4천 장을 발행했다. 발행가격은 액면가의 150퍼센트였다. 다시 말해 은행은 1루블당 50코페이카를 버는 것이다. 하지만 이 회사의 배당금은 가공의 것이라는 사실이 밝혀졌고, '대중'은 9천만 프랑에서 1억 프랑의 손실을 입었다. 게다가 "소시에테제네랄의 이사들 중 한 사람은 제당회사의 중역이었다." 그래서 이 책의 저자가 "프랑스 공화국은 금융군주국이다"라든지, "금융과두제가 완전히 지배하고 있으며, 그것은 신문과 정부도 지배하고 있다"[115]는 결론을 내릴 수밖에 없었던 것이 전혀 이상하지 않다.

금융자본의 주요 업무 가운데 하나인 유가증권 발행에서 생기는 이상하게 높은 수익성은 금융과두제의 발전과 강화에서 특별히 중대한 역할을 수행한다. 독일의 《디 방크》는 "국내에 외국채권의 인수와 유통에 필적할 정도로 수익을 가져다주는 사업 분야는 없다"고 쓰고 있다.[116]

115 레닌 주 뤼시스, 『프랑스의 금융과두제에 반대한다』, 5판, 파리, 1908년,
     11·12·26·39·40·48쪽.

116 레닌 주 《디 방크》, 1913년, 7호, 630쪽.

"유가증권 발행 사업만큼 높은 이득을 얻을 수 있는 은행 업무도 없다."《독일 경제*German Economist*》의 자료에 따르면 산업기업의 증권 발행을 통해 얻은 연평균 이윤은 다음과 같다.

1895년	38.6%	1898년	67.7%
1896년	36.1%	1899년	66.9%
1897년	66.7%	1900년	55.2%

"1891년부터 1900년까지 10년 동안 독일에서 산업증권을 발행해서 얻은 수익만 10억 마르크 이상이다."[117]

산업의 호황기에는 금융자본이 엄청나게 높은 이윤을 얻고, 불황기가 되면 견실하지 못한 작은 기업들이 쓰러진다. 대은행은 이렇게 쓰러지는 기업들을 헐값으로 사들이거나, 벌이가 좋은 '구조조정(Sanierungen)', '구조재편(Reorganisationen)' 작업에 참여한다. 부실기업을 '구조조정'할 때 "주식자본은 감가되는데, 더 작아진 자본에 대해 수익이 분배되면서 적정한 상태가 되는 것이다. 또는 만일 이윤이 전혀 없는 경우라면 새로운 자본이 조달되어 가치가 낮게 평가된 기존 자본[118]과 합쳐

---

117 레닌 주 슈틸리히, 앞의 책, 143쪽. W. 좀바르트(Sombart), 『19세기 독일 국민경제*Die deutsche Volkswirtschaft im 19. Jahrhundert*』, 2판, 1909년, 526쪽, 부록 8.

118 레닌은 "가치가 낮게 평가된 기존 자본"을 "수익성이 더 낮은 기존 자본"이라고 번역하여 인용했다.—옮긴이

져 이제 충분한 이윤을 낳게 된다." 힐퍼딩은 여기에 이렇게 덧붙인다. "이러한 구조조정이나 구조재편은 은행에게 두 가지 측면에서 중요하다. 첫째는 수익성이 높은 사업이기 때문이고, 둘째는 궁지에 몰린 회사를 자신에게 종속시키는 기회를 주기 때문이다."[119]

예를 들어보자. 도르트문트의 유니온광업주식회사는 1872년에 설립되었다. 약 4천만 마르크의 주식자본이 발행되었고, 첫해 12퍼센트의 배당이 들어오자 상장가격은 170퍼센트까지 뛰었다. 금융자본은 약 2,800만 마르크의 용돈을 벌어들이며 실속을 챙겼다. 이 회사의 설립에 주요한 역할을 한 것은 독일 최대의 은행인 베를린할인은행이었는데, 그 자본금은 가볍게 3억 마르크에 도달했다. 이후 유니온의 배당금은 점차 줄어들어 0으로 떨어졌다. 주주들은 자본을 '감자'하는 것에, 즉 자본의 전부를 잃지 않기 위해 일부를 잃는 것에 동의할 수밖에 없었다. 이렇게 해서 몇 차례의 '구조조정'을 한 결과, 유니온사의 장부에서는 30년간 7,300만 마르크가 넘는 돈이 사라졌다. "현재 이 회사 최초의 주주들은 주식 액면가의 겨우 5퍼센트만을 가지고 있다."[120] 하지만 은행은 '구조조정' 때마다 계속 돈을 '벌어들였다.'

급격하게 발전하는 대도시 근교에 대한 땅투기도 금융자본

119 레닌주 『금융자본』, 172쪽.
120 레닌주 슈틸리히, 앞의 책, 138쪽 및 리프만, 51쪽.

에게는 굉장한 돈벌이가 되는 사업이다. 은행들의 독점은 여기서 토지소득의 독점 및 교통노선의 독점과 결합된다. 왜냐하면 토지가격의 상승, 땅을 수익성 있게 분양할 수 있는 가능성 등은 무엇보다 도심에 접근하는 교통의 편의성에 달려 있는데, 이 교통노선들은 지주제도 및 이사직의 분배를 통해 바로 그 은행들과 유착돼 있는 대회사들의 관리하에 있기 때문이다. 이렇게 해서 《디 방크》의 기고자이자, 토지 매매와 저당 등을 전문적으로 연구한 독일의 저술가 L. 에쉬베게가 "수렁"이라고 부른 일이 발생한다. 예를 들어 보스바우운트크나우어 같은 건설회사들이 '건실하며 거대한' 도이체방크에서 1억 마르크의 돈을 끌어다가 도시 근교의 땅에 광기 어린 투기를 하다 파산—물론 은행은 이 과정에서 '지주'제도를 통해, 즉 배후에서 은밀히 움직였다—한다 하더라도, 그들은 1,200만 마르크의 손실만 보고 빠져나갈 수 있었다. 그러나 부실한 건설사들로부터 아무런 보상도 받을 수 없고, '정직한' 베를린 경찰이나 행정관청으로부터 토지에 관한 정보나 시의회의 건축허가증 등을 받을 수 없었던 소자산가들과 노동자들은 몰락할 수밖에 없었다.[121]

유럽의 대학교수나 선량한 부르주아 들이 위선적으로 얼굴을 찡그리며 개탄하고 있는 '미국식 윤리'는 금융자본 시대에는 문자 그대로 어느 나라에서나 모든 대도시의 윤리가 돼버렸다.

121 레닌 주 《디 방크》, 1913년, 952쪽; L. 에쉬베게, 「수렁Der Sumpf」, 같은 잡지, 1912년, 1호, 223쪽 이하.

1914년 초, 베를린에서 운수업 트러스트, 즉 베를린의 세 운송업체인 고가철도, 시가전차, 버스회사 사이의 '이익공동체'가 형성될 것 같다는 소문이 돌았다. 《디 방크》는 다음과 같이 썼다. "그러한 계획이 있는 것은 버스회사의 주식이 반 이상 다른 두 운수업체들에게 넘어갔다는 것이 밝혀졌을 때부터 알려져 있었다. …… 이 목적을 추구하는 사람들이 자신들은 운수업을 통합함으로써 비용을 절약할 수 있기를 바라고 있으며, 그렇게 절약된 금액의 일부는 결국 공중의 이익이 될 것이라고 말한다면, 사람들은 그 말을 그대로 믿을지도 모른다. 하지만 형성되려 하고 있는 이 운수업 트러스트의 배후에는 몇 개의 은행들이 도사리고 있으며, 이들은 마음만 먹으면 자신들이 독점하고 있는 운송수단을 토지매매의 이익에 종속시킬 수 있기 때문에 문제는 복잡하다. 이와 같은 추정이 타당하다는 것을 납득하기 위해서는 이미 고가철도회사가 설립될 때부터 그 설립을 장려했던 한 대은행의 이익이 개입되어 있었다는 사실을 상기하는 것으로 충분하다. 다시 말해, 이 운수업체의 이익은 토지매매의 이익과 따로 떨어져 있지 않았던 것이다. 사실 이 철도의 동부선은 나중에 철도 건설이 확정됐을 때 이 은행이 그 자신과 몇몇 관련자들에게 엄청난 이익을 남기며 매각했던 토지를 지나갈 예정이었다."[122]

122 레닌 주 「운수업 트러스트Verkehrstrust」, 《디 방크》, 1914년, 1호, 89쪽.

일단 독점이 형성되어 수십억의 돈을 움직이게 되면, 그것은 절대적인 필연성을 가지고 정치체제나 다른 어떤 '세부적인 것들'이 어떻든 관계 없이 사회생활의 모든 면으로 침투해 들어간다. 독일의 경제문헌들은 프랑스의 파나마 스캔들[123]이나 미국의 정치부패를 비꼬아 이야기하면서 프로이센 관리의 성실함을 맹목적으로 찬미하곤 한다. 하지만 실은 부르주아 문헌들조차 독일 은행업에 대해 논할 때면 순수한 은행업무의 범위를 훨씬 벗어난 이야기들을 할 수밖에 없다. 예를 들면 관료들이 은행으로 이직하는 사례가 점점 더 늘어나고 있기 때문에 "은행을 향한 행진"이라는 표현을 쓰지 않을 수 없게 된 실정이다.

123 1880년 프랑스 정부는 콜롬비아 정부로부터 파나마 운하 수주권을 확보했고, 전직 외교관이자 수에즈 운하 건설로 유명한 페르디낭 드 레셉스가 민간회사를 설립하여 운하 건설에 착수했다. 그러나 공사는 상상 이상으로 난공사였으며, 말라리아로 많은 수의 노동자들이 사망하는 등 악재가 겹치면서 결국 1890년 운하 건설 공사가 중단되었다. 그러나 사업 실패를 숨기기 위해 레셉스가 정관계 및 언론에 엄청난 뇌물을 뿌린 결과 이러한 사실은 1892년에야 일반에 알려졌다. 1893년 한 우익 신문이 현직 장관들과 국회의원들이 뇌물을 받고 파나마 운하 건설 사업의 실상에 대해 침묵했다고 폭로하면서 본격적인 조사가 시작되자, 조르주 클레망소 같은 거물 정치인을 비롯해 무려 104명의 국회의원이 뇌물을 수수한 사실이 밝혀졌다. 많은 프랑스 국민들이 실상을 모른 채 사업에 투자했다가 손해를 입었기 때문에 이 사건은 프랑스 제3공화정과 공화파에 큰 타격을 주었다. 또 유대계 금융자본에 대한 대중적 반감을 불러일으켜 훗날 드레퓌스 사건이 벌어나는 사회적 배경이 되었다. 1903년 프랑스는 파나마 운하 수주권을 미국에 팔았고, 파나마 운하는 1914년에 완공되었다.—옮긴이

"마음속으로 베렌 가의 폭신한 의자를 동경하고 있는 정부 관료의 청렴이란 과연 어떤 것일까?"[124](베렌 가는 베를린에 있는 거리인데, 그곳에 도이체방크가 있다.)《디 방크》의 발행인 알프레트 란스부르그는 1909년에 「비잔틴주의의 경제적 의의The Economic Significance of Byzantinism」라는 글을 썼는데, 이 글은 내친 김에 빌헬름 2세의 팔레스타인 여행과 "이 여행의 직접적인 결과로 나타난 바그다드 철도 건설, 즉 우리의 모든 정치적 실책들을 합친 것보다도 훨씬 더 '포위'에 책임이 있는 저 저주해야 마땅한 '독일 기업가 정신의 대사업'"[125]에 대해 서술하고 있다('포위'라는 것은 독일을 고립시키고, 제국주의적인 반독일동맹의 올가미로 독일을 에워싸려고 한 에드워드 7세[126]의 정책이다). 이미 우리가 언급한 적 있는 같은 잡지의 기고자 에쉬베게는 1911년에 「금권정치와 관료Plutocracy and Bureaucracy」라는 글을 써서, 글의 제목에 걸맞은 사례의 하나로 푈커(Völker)라는 독일 관료의 사건을 폭로했다. 그 남자는 카르텔 위원회의 위원으로 아주 열성적으로 활동했고, 얼마 뒤 최대의 카르텔인 철도 신디케이

---

124 레닌 주 「은행을 향한 행진Der Zug zur Bank」, 《디 방크》, 1909년, 1호, 79쪽.

125 레닌 주 같은 잡지, 301쪽.

126 에드워드 7세(1841~1910년)는 빅토리아 여왕에 이어 1901년에서 1910년까지 대영제국의 왕좌에 있었다. 재위 기간 동안 독일의 팽창정책을 저지하기 위해 1904년 프랑스와, 1907년 러시아와 협상을 맺고 독일에 대한 포위 체제를 형성했다.—옮긴이

트에서 높은 급여를 받는 자리를 차지했다. 결코 우연이 아닌 그와 유사한 일들이 몇 차례나 벌어졌기 때문에, 이 부르주아 저술가는 "독일 헌법에 보장된 경제적 자유는 경제생활의 수많은 분야에서 이미 내용 없는 빈말이 되었다"라거나, 현재와 같은 금권정치 아래에서는 "가장 광범위한 정치적 자유조차 우리들이 자유롭지 못한 국민으로 전락하는 것에서 우리들을 구원할 수 없다"[127]고 고백할 수밖에 없었던 것이다.

러시아에 대해서는 한 가지 예를 드는 것으로 그치겠다. 지금으로부터 수년 전에 모든 신문들은, 신용국장이었던 다비도프(Davydov)가 몇 년에 걸쳐 100만 루블 이상의 급여를 받는다는 계약 조건으로 관직을 떠나 대은행에 이직했다고 보도했다. 신용국이란 "국가의 모든 신용기관의 활동을 조정"하는 임무를 갖고 있으며, 수도의 은행들에게 8억~10억 루블의 보조금을 지급하는 관청이다.[128]

자본의 소유가 자본의 생산적 투자와 분리되는 것, 화폐자본이 산업자본 또는 생산자본과 분리되는 것, 화폐자본에서 나오는 소득으로만 생활하는 금리생활자가 기업가나 자본 운용에 직접적으로 종사하는 사람들과 분리되는 것이 자본주의의 일반적 특성이다. 제국주의 또는 금융자본의 지배는 이런 분리가 상당한 정도에 다다른 자본주의의 가장 높은 단계다.

127 레닌주 《디 방크》, 1911년, 2호, 825쪽. 1913년, 2호, 926쪽.
128 레닌주 E. 아가트, 앞의 책, 202쪽.

금융자본이 다른 모든 형태의 자본보다 우월하다는 것은 금리생활자와 금융과두제가 지배적 위치에 있다는 것을 의미하며, 금융상의 '힘'을 가진 소수의 국가가 다른 모든 국가 위에 우뚝 솟아 있다는 것을 의미한다. 이 과정이 어느 정도로 진행되어 있는지는 증권발행, 모든 종류의 유가증권 발행에 대한 통계자료를 보고 판단할 수 있다.

A. 네이마르크(Neymarck)는 《국제통계협회 회보*Bulletin of the International Statistical Institute*》[129]에 전세계의 증권발행에 대한 매우 상세하고 완전한 비교 자료를 발표했다. 이 자료는 그 뒤 몇 차례나 경제학 문헌에 부분적으로 인용되었다. 다음의 표는 40년간의 통계다.

| 10년 주기별 증권발행액 |

단위: 억 프랑

연도	발행액
1871~1880년	761
1881~1890년	645
1891~1900년	1,004
1901~1910년	1,978

129 레닌 주 《국제통계협회 회보*Bulletin de l'institut International de Statistique*》, 19권, 2책, 헤이그, 1912년. 오른쪽 칸에 있는 작은 나라들에 관한 수치는 20퍼센트 증가한 1902년의 기준에 따라 추산한 것이다.

1870년대에 세계적으로 증권발행 총액이 높았던 것은 프랑스-프로이센 전쟁과 그에 이은 독일의 회사 창업 붐으로 인해 관련된 공채발행이 활발했기 때문이다. 그러나 대체로 19세기의 마지막 30년 동안에는 증가 속도가 그다지 빠르지는 않았고, 20세기의 첫 10년 동안 뚜렷한 증가세를 나타내기 시작해서 발행고가 거의 두 배로 늘었다. 그러므로 20세기 초는, 앞에서 언급했던 독점조직들(카르텔, 신디케이트, 트러스트)의 성장이라는 점에서뿐만 아니라 금융자본이 성장했다는 점에 있어서도 전환기라 할 수 있다.

| 1910년 유가증권 총액 |

단위: 억 프랑

영국	1,420	합계	4,790
미국	1,320		
프랑스	1,100		
독일	950		
러시아	310		
오스트리아-헝가리	240		
이탈리아	140		
일본	120		
네덜란드	125		
벨기에	75		
스페인	75		
스위스	62.5		
덴마크	37.5		
스웨덴, 노르웨이, 루마니아 등	25		
합계	6,000		

1910년 전세계 유가증권 총액을 네이마르크는 대략 8,150억 프랑으로 추산하고 있다. 그는 중복 계산됐을 법한 액수를 어림잡아 빼서, 이 액수를 5,750~6천억 프랑으로 잡았다. 이를 국가별로 나타낸 것이 앞의 표다(총액을 6천억 프랑으로 했을 때).

이 표에서는 각각 천억~1,500억 프랑의 유가증권을 갖고 있는 네 개의 부유한 자본주의 나라들이 두드러져 보인다. 이 네 나라 중 두 나라 영국과 프랑스는 가장 오래된 자본주의 나라이자, 나중에 보겠지만 가장 많은 식민지를 가진 나라들이다. 그리고 다른 둘인 미국과 독일은 발전 속도 및 자본주의적 독점이 산업에 확산되는 정도에 있어 가장 앞서 달리고 있는 자본주의 나라들이다. 이 네 나라들은 모두 합쳐 4,790억 프랑, 그러니까 전세계 금융자본의 거의 80퍼센트를 보유하고 있다. 세계의 거의 모든 나머지 나라들은, 국제적 은행가이자 세계 금융자본의 네 '기둥'인 저 국가들에 대해 어떤 방식으로든 채무국·조공을 바치는 나라의 역할을 하고 있다.

금융자본에 대한 종속과 유착의 국제적인 그물망을 만들어내는 데 있어, 자본수출이 어떤 역할을 하는지를 상세히 고찰하는 것은 특히 중요한 일이다.

4장
자본수출

자유경쟁이 완전히 지배적이었던 예전의 자본주의에서는 상품수출이 전형적인 것이었다. 이제 독점이 지배하는 자본주의의 최근 단계에서는 **자본수출**이 전형적인 존재다.

자본주의란 노동력 자체가 상품이 되는, 상품생산의 가장 높은 발전 단계다. 국내에서의 교환은 물론이고 국제적인 교환이 증대하는 것은 자본주의의 고유하고 두드러진 특징이다. 개별 기업, 개별 산업부문, 개별 국가의 발전에서 드러나는 불균등성과 불규칙성은 자본주의에서는 불가피한 것이다. 가장 먼저 자본주의 국가가 된 영국은 19세기 중반에 자유무역을 채택하여 자신이 '세계의 공장', 즉 모든 나라에 공산품을 공급하는 역할을 맡겠다고 선언했다. 다른 나라들은 공산품을 공급받기 위해 영국에 원료를 제공할 수밖에 없었다. 그러나 그 나라들이 '보호' 관세를 통해 자기 방어를 하면서 독립적인 자본주의 국가로 발전함에 따라, 19세기 마지막 4반세기 무렵 영국의 이러한 독점은 무너졌다. 20세기에 접어들었을 때 우리는 새로운 종류의 독점이 형성되는 것을 보게 되었다. 첫째, 자본주의가 발달한 모든 나라에서 자본가들의 독점적인 동맹이 형성되었다. 둘째, 엄청난 규모로 자본이 축적된 소수의 가장 부유한 나라들이 독점적인 지위를 차지하게 되었다. 선진 국가에 막대한 '과잉자본'이 발생했다.

만약 자본주의가 현재 어디서든 공업에 비해 형편없이 뒤쳐져 있는 농업을 발전시킬 수 있다면, 아찔할 정도의 기술적 진보가 이루어졌음에도 불구하고 여전히 도처에서 반기아 상태로 거지처럼 사는 주민대중의 생활수준을 높일 수 있다면, 자본의 과잉에 대해 할 말은 없을 것이다. 이런 '논리'는 자본주의에 대한 소부르주아적인 비판자들이 끊임없이 들고 나오는 것이다. 그러나 그렇게 된다면 자본주의는 자본주의가 아니게 될 것이다. 왜냐하면 발전의 불균등성이나 기아에 허덕이는 대중의 생활수준이나 모두 이 생산양식의 근본적인, 피할 길 없는 조건이자 전제이기 때문이다. 자본주의가 자본주의로 남아 있는 한에서는 과잉 자본은 그 나라 대중의 생활수준을 높이는 것이 아니라─그렇게 하면 자본가들의 이윤이 감소할 것이기 때문에─자본을 해외, 즉 후진국들에 수출함으로써 이윤을 증대시키기 위해 사용된다. 이 후진국들에서는 이윤이 높은 것이 보통이다. 자본은 부족하고 토지가격은 상대적으로 낮은데다 임금이 낮고 원료가 싸기 때문이다. 자본수출의 가능성은 많은 후진국들이 이미 세계 자본주의의 순환 속에 끌려 들어와 있으며, 그곳의 주요한 철도 노선들이 개통되거나 부설되기 시작했고, 공업발전의 기본 조건들을 확보하고 있다는 등의 사실에 의해 창출되었다. 자본수출의 필연성은 몇몇 나라들에서 자본주의가 '지나치게 성숙'해서 자본에게 (낙후된 농업과 대중의 빈곤이라는 조건 때문에) '수익성 좋은' 투자 대상이 있는 분야가 부족하다는 사실에 의해 창출되었다.

　다음은 주요 3개국이 해외로 투자한 자본의 규모에 관한 대략적인 수치다.[130]

130 레닌 주 홉슨, 『제국주의』, 런던, 1902년, 58쪽; 리서, 앞의 책, 395쪽과 404쪽; P. 아른트(Arndt), 《세계경제논총*Weltwirtschaftlichen Archiv*》, 7권, 1916년, 35쪽; 네이마르크, 《국제통계협회 회보》; 힐퍼딩, 『금융자본』, 492쪽; 로이드 조지(Lloyd George), 「하원의회 연설Speech in the House of Commons」(1915년 5월 4일), 《데일리 텔레그래프 *Daily Telegraph*》(1915년 5월 5일); B. 하름즈(Harms), 『세계 경제의 제문제*Probleme der Weltwirtschaft*』, 예나, 1912년, 235쪽 외; 지그문트 쉴더 박사(Dr. Sigmund Schilder), 『세계 경제의 발전 경향 *Entwicklungstendenzen der Weltwirtschaft*』, 베를린, 1912년, 1권, 150쪽; 조지 페이쉬(George Paish), 「각 식민지·해외 국가들에 대한 영국의 자본 투자Great Britain's Capital Investments in Individual Colonial and Foreign Countries」, 《왕립통계학회 회지*Journal of the Royal Statistical Society*》, 74권, 1910~11년, 167쪽 외; 조르주 디우리치(Georges Diouritch), 『독일 경제 발전에 관련한 독일 은행의 해외 확장*Expansion des banques allemandes a l'etranger, ses rapports avec le developpement economique de l'Allemagne*』, 파리, 1909년, 84쪽.

단위: 억 프랑

연도	영국	프랑스	독일
1862년	36	—	—
1872년	150	100(1869년)	—
1882년	220	150(1880년)	?
1893년	420	200(1890년)	?
1902년	620	270~370	125
1914년	750~1,000	600	440

이 표에서 드러나는 것처럼, 자본의 수출이 커다란 발전을 이룬 것은 역시나 20세기 초의 일이다. 전쟁 전 이 3대 주요 국가의 해외 투자액은 1,750~2천억 프랑에 이르렀다. 이 금액에서 나오는 수익은 적게 잡아 연이자 5퍼센트로 해도 1년에 80~100억 프랑에 이를 것이 틀림없다. 이야말로 세계 대다수의 민족과 국가 들에 대한 제국주의적 압박과 착취의 견고한 토대이자, 한 줌의 부유한 국가들이 지니는 자본주의적 기생성의 견고한 토대인 것이다!

해외에 투자되는 이러한 자본이 여러 나라들에 어떻게 분포되어 있고, 또 어디에 투자되고 있는가, 이 문제들에 대해서는 대략적인 답밖에 할 수 없지만 그것으로도 어느 정도 현대 제국주의의 전반적인 상호관계와 관련성을 밝힐 수 있다.

| 해외 투자 자본의 지역별 분포(대략적인 수치, 1910년경) |

단위: 억 마르크

	영국	프랑스	독일	합계
유럽	40	230	180	450
아메리카	370	40	100	510
아시아, 아프리카, 호주	290	80	70	440
합계	700	350	350	1,400

영국이 1위를 차지한 것은 식민지 영토 때문으로 영국의 식민지는 아시아 등지는 말할 것도 없고 아메리카(예를 들어 캐나다)에도 매우 광대하게 존재한다. 거액의 자본수출은 여기서 무엇보다 광대한 식민지와 밀접하게 연결되어 있는데, 제국주의에 있어서 식민지가 가지는 중요성에 대해서는 뒤에서 다시 서술할 것이다. 프랑스의 경우는 사정이 다르다. 이 나라의 해외 자본 투자는 주로 유럽에, 그 중에서도 특히 러시아에 (최소한 100억 프랑 이상) 이루어지고 있다. 게다가 그 대부분은 산업 기업에 대한 투자가 아니라 대부분 대부 자본, 즉 국가 차관이다. 영국의 식민지 제국주의와 구별해서 프랑스는 고리대 제국주의이라고 이름 붙일 수 있다. 독일의 경우는 제3의 형태다. 식민지는 크지 않고, 독일이 해외에 투자하고 있는 자본은 유럽과 아메리카에 아주 균등하게 분포되고 있다.

자본수출은 자본이 유입되는 나라의 자본주의 발전에 영향을 미치고 그 발전을 눈에 띄게 촉진한다. 그러므로 자본수출이 어느 정도 자본수출국의 발전을 조금 정체시킨다고 하더라도, 그것은 대신 전세계에서 자본주의의 발전을 더욱 확대, 심화시킨다.

자본수출국들은 어떤 '이익'을 획득할 가능성을 거의 언제나 손에 넣을 수 있는데, 그 이익의 성격은 금융자본 및 독점의 시대가 지닌 특성을 조명해준다. 예를 들면 베를린에서 발행되는 잡지 《디 방크》는 1913년 10월에 다음과 같이 썼다.

"국제 자본시장에서는 얼마 전부터 아리스토파네스(Aristophanes)[131]의 펜에서 나왔을 법한 희극이 상연되고 있다. 스페인에서 발칸까지, 러시아부터 아르헨티나, 브라질, 중국에 이르는 수많은 나라들이 차관을 요구하며—때로는 정말 끈질기게—공공연하게 또는 은밀하게 대규모 화폐 시장에 등장하고 있는 것이다. 하지만 화폐 시장의 현재 상황이 특별히 좋은 것도 아닌데다 정치적 전망도 밝지 않다. 그럼에도 불구하고 어떤 화폐 시장도 이웃 나라가 자기 나라를 제치고 차관에 응해서, 그러면서 어떤 반대급부를 확보하지 않을까하는 걱정에 감히 차관 요청을 거부하기 어려워하고 있다. 이러한 종류의 국제 거래에서는 거의 항상 통상조약에 있어 양보든, 석탄보급소든, 항만 건설이든, 짭짤한 이권이든, 대포의 주문이든 무언

---

[131] 아리스토파네스(B.C.445?~B.C.385?년)는 페리클레스 시대의 아테네에서 활동했던 고대 그리스의 희극 시인이다.—옮긴이

가가 채권자에게 이익으로 돌아가는 것이다."[132]

금융자본은 독점의 시대를 만들어냈다. 그런데 독점은 가는 곳마다 독점의 원리를 전파한다. 유리한 거래를 위해 공개된 시장에서의 경쟁 대신 '연고'를 이용한다. 차관의 일부를 채권국의 생산물, 특히 군수품, 선박 등을 구입하는 데 지출하는 것을 차관 조건으로 삼는 것이 가장 일반적인 관행이다. 프랑스는 최근 20년간(1890~1910년) 아주 빈번하게 이 수단에 호소했다. 이처럼 자본수출은 상품수출을 촉진하는 수단으로 활용된다. 그때, 특히 큰 기업들 사이의 거래는 쉴더가 '완곡하게' 표현한 것처럼[133] "매수와 종이 한 장 차이"뿐이다. 독일의 크룹프, 프랑스의 슈네데르, 영국의 암스트롱[134] 등은 거래은행 및 정부와 밀접하게 유착돼 있어, 차관 계약을 체결하는 데 있어 쉽사리 '무시'할 수 없는 대표적인 회사들이다.

1905년 9월 16일 러시아와의 통상조약에서 프랑스는 차관을 제공할 때 러시아를 '압박'해서 1917년까지가 기한인 몇 가지 양보를 얻어냈다. 1911년 8월 19일 일본과의 통상조약[135]에서도 똑같은 일이 벌어졌다. 오스트리아와 세르비아의 관세전쟁[136]은 1906년부터 1911년까지 오직 7개월간의 중단 기간을

132 레닌 주 《디 방크》, 1913년, 2호, 1024~5쪽.

133 레닌 주 쉴더, 앞의 책, 346, 350, 371쪽.

134 크룹프, 슈네데르, 암스트롱은 모두 각국의 대표적인 군수회사들이다.—옮긴이

제외하고는 계속되었는데, 그것은 부분적으로 세르비아에 군수품을 공급하는 일로 오스트리아와 프랑스가 경쟁하면서 벌어진 것이었다. 폴 데샤넬(Paul Deschanel)[137]은 1912년 1월 하원의회에서, 프랑스 회사들이 1908년부터 1911년까지 세르비아에 4,500만 프랑의 군수물자를 납품했다고 밝혔다.

상파울로(브라질) 주재 오스트리아-헝가리 영사의 보고 중

[135] 이 통상조약을 통해 프랑스는 일본의 모든 식민지에서 특혜를 받을 수 있게 되었지만, 일본은 주요 수출품인 비단을 거의 구입하지 않은 알제리에서 특혜를 제공받는 데 그쳤다. 프랑스는 정어리, 포도주, 비누, 향수, 자동차, 기계 등의 일본 수출에서 특혜를 얻었지만, 일본은 생사(生糸) 수출에서 특혜를 제공받았을 뿐이었다.(일어판 주석 참조)—옮긴이

[136] 오스트리아-헝가리 제국이 자신의 통제를 벗어나려는 세르비아의 주요 수출품인 돼지고기를 수입금지하여 압박하려다 실패한 사건으로 일명 '돼지 전쟁'이라고도 불린다. 20세기 초 세르비아는 돼지고기를 비롯한 농산품을 오스트리아-헝가리 제국에 수출하는 대신 그 나라의 공산품을 수입하면서 경제적 의존이 심화되고 산업화가 지연되고 있었다. 이러한 상황에서 벗어나기 위해 1904년 세르비아가 프랑스 군수품을 수입하기 시작하고, 다음해 불가리아와 관세동맹을 체결하자, 1906년 오스트리아-헝가리 제국은 세르비아로부터의 돼지고기 수입을 금지했다. 그러나 세르비아가 오스트리아 대신 독일에서 물자를 수입하는 한편, 프랑스의 자본을 빌려 국제 무역을 위한 포장 공장을 건설하고 아드리아 해를 거쳐 이집트로 가는 새로운 수출로와 수출시장을 확보하면서 경제 제재는 효과를 거두지 못했다. 이 사건은 오히려 세르비아가 오스트리아에 대한 종속에서 벗어나 국내 산업을 육성·발전시키는 계기가 되었다.—옮긴이

[137] 폴 데샤넬(1855~1922년)은 프랑스 정치인으로 1912년 하원 의장을 지냈고, 1920년 1월 프랑스 대통령에 선출되었으나 정신착란 증세를 보여 몇 개월 만에 사임했다.—옮긴이

에는 이런 내용이 있다. "브라질 철도 건설은 대부분 프랑스, 벨기에, 영국, 독일의 자본으로 시행되고 있다. 이 나라들은 철도 건설과 관련된 금융거래를 통해 건설자재 공급권이 자기 나라에 주어지도록 하고 있다."

이처럼 금융자본은 문자 그대로 세계의 모든 나라들에 자신의 그물망을 펼치고 있다고 말할 수 있다. 여기에서 큰 역할을 하는 것은 식민지에 설립된 은행들과 그 지점들이다. 독일 제국주의자들은 이런 점에서 특히 '잘' 하고 있는 '오래된' 식민지 보유국들을 부러운 눈으로 바라보고 있다. 영국은 1904년에 지점 2,279개를 거느린 식민지 은행 50개(1910년에는 5,449개의 지점을 거느린 72개 은행)를 가지고 있었고, 프랑스는 지점 136개를 거느린 은행 20개를, 네덜란드는 지점 68개를 거느린 은행을 16개를 가지고 있었지만, 독일은 "다 합쳐봤자" 지점 70개를 거느린 은행 13개밖에 없었다.[138] 미국의 자본가들은 그들 나름대로 영국과 독일의 자본가들을 부러워하고 있다. 미국 자본가들은 1915년에 이렇게 푸념했다. "남아메리카에서는 독일 은행 다섯 개가 지점 40개를 두고 있다. …… 영국과 독일은 최근 25년 사이 아르헨티나, 브라질, 우루과이에 약 40억 달러를 투자했다. 그 결과 영국과 독일은 그 세 나라 총 무역액의 60퍼센트를 차지하고 있다."[139]

138 레닌주 리서, 앞의 책, 4판, 375쪽. 디우리치, 283쪽.

자본수출국들은 은유적인 의미에서 자기들끼리 세계를 분할했다. 하지만 금융자본은 세계의 **실질적인** 분할을 가져왔다.

---

139 레닌 주 《미국 정치·사회과학아카데미 연보*The Annals of the American Academy of Political and Social Science*》, 59권, 1915년 5월, 301쪽. 같은 책의 331쪽에는 유명한 통계학자 페이쉬(Paish)가 금융 잡지 《더 스태티스트*The Statist*》의 최근 호에서 영국·독일·프랑스·벨기에·네덜란드가 수출한 자본의 액수를 400억 달러, 즉 2천억 프랑으로 산정했다는 사실이 나온다.

5장
자본가 연합들 사이의 세계 분할

    카르텔, 신디케이트, 트러스트 같은 독점자본가의 연합들은 먼저 국내 시장을 자기들끼리 분할하며 자국 생산을 거의 완전하게 장악한다. 그러나 자본주의 아래에서 국내시장은 피할 수 없이 해외시장과 연결된다. 자본주의는 이미 오래전에 세계 시장을 창출했다. 그러나 자본수출이 증가하고, 가장 큰 독점연합들이 외국 및 식민지의 연결 관계와 그들의 '세력권'이 백방으로 확장됨에 따라, 사태는 '자연스럽게' 이들 사이의 세계적 협정으로, 국제 카르텔의 형성으로 나아가고 있다.

    이는 자본과 생산의 세계적 집중의 새로운 단계, 이전 단계와 비교할 수 없을 정도로 높은 단계다. 이런 초거대 독점이 어떻게 성장하는지 살펴보자.

    전기산업은 최근의 기술발전에, 19세기 말과 20세기 초의 자본주의에 가장 전형적인 산업이다. 그리고 그것은 새로운 자본주의 국가들 가운데 가장 선진적인 두 나라, 즉 미국과 독일에서 가장 발전했다. 독일에서는 1900년의 공황이 이 분야에서 집중의 증가에 특히 강력한 영향을 끼쳤다. 당시 이미 산업과 충분히 유착해 있던 은행들은 이 공황기 동안 상대적으로 작은 기업들이 도산하고 큰 기업들이 그것들을 흡수하는 과정을 극도로 촉진하고 심화시켰다. 야이델스는 이렇게 썼다. "은행들은 가장 절박하게 자금이 필요한 기업들로부터 도움의 손길을 거두었다. 처음에는 거짓말 같은 호경기를 조성했던 은행들은 다음 순간, 자신들과 밀접하게 결합되어 있지 않은 회사들을 절망적인 파멸로 몰아갔다."[40]

그 결과 집중은 1900년 이후 엄청나게 진전했다. 1900년 이전 전기산업에는 7~8개의 '그룹'들이 있었다. 이 그룹들은 각기 몇 개의 회사들(모두 합쳐 28개였다)로 이루어져 있었고, 각자 2~11개 은행의 지원을 받고 있었다. 그러나 1908~12년에 이 모든 그룹들은 둘 또는 하나로 합쳐졌다. 이 과정은 다음과 같이 진행되었다.

| 전기산업 분야의 그룹들 |

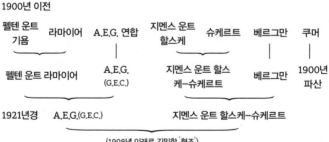

이런 식으로 성장한 유명한 A.E.G.(G.E.C.)는 ('지주'제도를 통해) 175~200개의 회사를 지배하며, 총액 약 15억 마르크의 자본을 자유롭게 운용하고 있다. 이 회사는 직영 해외 대리점만 10개 이상의 나라들에 34개를 가지고 있으며, 그 가운데 12개는 주식회사다. 이미 1904년에 독일 전기산업이 해외에 투자한 자본은 2억 3,300만 마르크이고, 그 중 6,200만 마르크는 러시아에 투자되어 있다고 추산되었다. A.E.G.가 거대한 '결합' 기업이란 것은 말할 필요도 없다. 여기에 속한 제조업체만 16개를 헤아리며, 전선과 절연기구에서 자동차와 항공기에 이르는 다종다양한 생산품을 생산하고 있다.

그러나 유럽에서 벌어지는 집중은 미국에서 벌어지는 집중 과정의 한 부분이기도 했다. 사태는 다음과 같이 진행되었다.

G.E.C.(제너럴일렉트릭컴퍼니)

| 미국 | 톰슨 휴스턴 사가
유럽에 회사를 설립 | 에디슨 사가 유럽에
프랑스 에디슨 사를 설립.
이 회사가 독일 회사에 특허권을 양도 |

| 독일 | 유니온 전기회사
(Union Elektrizitäts–Gesellschaf) | G.E.C.(A.E.G.) |

G.E.C.(A.E.G.)

140 레닌 주 야이델스, 앞의 책, 232쪽.

이렇게 해서 두 개의 전기 '열강'이 등장했다. 하이니히 (Heinig)[14]는 「전기 트러스트의 진로Der Weg des Elektro-trusts」라는 논문에서 "이들로부터 완전히 독립해 있는 다른 전기 회사는 지구상에 존재하지 않는다"라고 썼다. 이 두 '트러스트' 기업들의 거래액 및 규모에 대해서는 아래의 숫자들이 완벽하게는 아니라도 어느 정도 개념을 제공한다.

	연도	거래액 (백만 마르크)	종업원 수	순이익 (백만 마르크)
미국 G.E.C.	1907년 1910년	252 298	28,000 32,000	35.4 45.6
독일 G.E.C.	1907년 1911년	216 362	30,700 60,800	14.5 21.7

그리고 1907년에는 미국과 독일의 트러스트들 사이에 세계의 분할에 관한 협정이 맺어졌다. 경쟁은 종식되었다. 미국의 G.E.C.(제너럴일렉트릭컴퍼니)는 미국과 캐나다를 '얻었고', 독일의 G.E.C.(A.E.G.)는 독일, 오스트리아, 러시아, 네덜란드, 덴마크, 스위스, 터키, 발칸을 '할당받았다.' 새로운 산업부문들 및 형식적으로 아직 분할되지 않은 '새로운' 나라들에 침투하는

141 쿠르트 하이니히(1886~1956년)는 독일 사회민주당 정치인이자 언론인이다. 석판화가로도 활동했다. 1918년 독일혁명 이후 프러시아 재무부에서 일하기도 했으며, 1927~33년에 사민당 국회의원을 지내며 경제전문가로 인정받았다. 나치 집권 이후 독일을 떠나 2차 세계대전 중에는 독일 사회민주당 망명위원회에서 일했다.—옮긴이

'자회사'들에 관해서는 특별 협정—물론 비밀협정—이 맺어졌다. 발명과 실험의 상호 교류도 규정되었다.[142]

수십억의 자본을 운용하며 세계 구석구석에 자신의 '지점', 대표부, 대리점, 연줄 등을 가진, 이런 사실상 단일한 세계적인 트러스트와 경쟁하는 것이 얼마나 어려울지는 자명하다. 그러나 두 개의 강대한 트러스트들에 의한 세계의 분할도 만일 세력 관계가—불균등한 발전, 전쟁, 파산 등의 결과로—변한다면 당연히 재분할을 피하지 못한다.

이러한 재분할 시도, 재분할을 위한 투쟁의 매우 교훈적인 실례는 석유산업이 보여주고 있다.

야이델스는 1905년에 이렇게 썼다. "세계 석유시장은 지금까지 두 개의 큰 금융그룹에 의해, 즉 미국의 록펠러의 '석유트러스트(스탠더드 석유회사)'와 러시아 바쿠의 석유를 지배하는 로스차일드와 노벨[143]에 의해 분할되어 있다. 이 두 그룹은 매우 밀접한 관계에 있는데, 최근 몇 년 사이 다섯 개의 적이 이들의 독점적 지위를 위협하고 있다."[144] 즉 (1) 미국 유전의 고갈 (2) 바쿠의 만타셰프 사[145]와의 경쟁 (3) 오스트리아의 유전들 (4) 루마니아의 유전들 (5) 해외, 특히 네덜란드 식민지의 유전들(엄청나게 부유하며 또 영국 자본과 관련된 회사들인 새뮤얼 사와 쉘 사)이 그것이다. 마지막 세 기업군들은 거대한 도이체방크를 필

142 레닌 주 리서, 앞의 책; 디우리치, 앞의 책, 239쪽; 쿠르트 하이니히, 앞의 책.

두로 한 독일의 대은행들과 연결되어 있다. 이 은행들은 '자신의' 거점을 확보하기 위해, 예를 들면 루마니아에서 석유산업을 독자적이고 계획적으로 발전시켰다. 루마니아의 석유산업에는 1907년에 외국자본이 1억 8,500만 프랑 있었고, 그 중 독일 자본은 7,400만 프랑으로 추정되었다.[146]

경제문헌들이 '세계 분할'을 위한 투쟁이라고 정확하게 부른 투쟁이 시작됐다. 한편에서 록펠러의 '석유 트러스트'는 모든 것을 손에 넣기를 바라며 바로 네덜란드 내에 '자회사'를 설

143 중동의 유전들이 본격적으로 개발되기 전, 최대의 석유생산국은 미국이었고 19세기 말이 되자 러시아가 바쿠지역의 유전 개발을 통해 강력한 경쟁자로 떠올랐다. 다이너마이트로 유명한 알프레드 노벨의 두 형인 로버트 노벨(Robert Nobel, 1829~1896년)과 루드비그 노벨(Ludvig Nobel, 1831~1888년)은 1876년에 노벨형제 석유회사—보통 '브라노벨(Branobel)'로 불림—를 세워 러시아 바쿠의 유전 개발에 참가했는데, 이들은 유럽 최대의 금융자본가인 로스차일드 가문을 사업에 끌어들여 자금을 조달했다. 로스차일드의 자본과 막대한 매장량, 유조선 발명 등 기술혁신을 결합하여 이들은 곧 록펠러의 석유 독점을 위협하게 되었다. 그러나 양측의 경쟁이 심화되며 원유 가격이 떨어지자 노벨 형제·로스차일드 은행과 스탠더드 석유회사는 유럽시장에 대해서는 양자가 지리적으로 분할해 나누어 갖고, 원유 가격을 유지하기 위해 세계 원유생산량에 제한을 두기로 하는 합의에 도달했다.—옮긴이

144 레닌주 야이델스, 앞의 책, 192~3쪽.

145 아르메니아 출신의 사업가 알렉산드르 만타셰프(1842~1911년)는 바쿠의 유전에 투자하여 20세기 초 세계 최고의 거부들 가운데 하나가 되었다. 그가 세운 만타셰프 사는 한 때 카스피아 해 유전을 반 이상 장악했으나 10월 혁명 이후 해체되었다.—옮긴이

146 레닌주 디우리치, 앞의 책, 245~6쪽.

립해서 네덜란드령 동인도의 유전을 사들이고, 이렇게 해서 그 주요한 적인 영국-네덜란드의 쉘 트러스트에 일격을 가하려고 생각했다. 다른 편에서 도이체방크를 비롯한 베를린의 은행들은 루마니아를 '자신들 편으로' '유지하고' 록펠러에 맞서 러시아와 연합시키려고 했다. 그런데 록펠러는 엄청나게 더 큰 자본과 더불어 석유를 수송해서 소비자에게 보내주는 훌륭한 조직도 갖고 있었다. 이 투쟁은 도이체방크의 완전한 패배로 끝날 수밖에 없었으며, 실제로 1907년에 그렇게 끝났다. 도이체방크에게는 수백만의 손실을 입고 '석유사업'에서 손을 뗄 것인가, 아니면 굴복할 것인가, 양자택일의 길밖에 남지 않았다. 그들은 후자를 선택했고, 도이체방크에게 극히 불리한 협정이 '석유 트러스트'와 체결되었다. 이 협정에 따라 도이체방크는 '미국 측의 이익에 해를 입히는 것은 어떤 것도 시도하지 않는다'는 의무를 지게 되었다. 하지만 독일에서 석유에 대한 국가전매법이 제정되는 경우 이 협정은 효력을 잃는다고 규정되었다.

이로부터 '석유 희극'이 시작되었다. 독일의 금융왕 가운데 한 명으로 도이체방크의 이사로 있는 폰 그빈너(Von Gwinner)[147]는 자신의 개인비서 쉬타우스를 통해서 석유전매

147 독일의 은행가이자 정치가인 아르투어 폰 그빈너(1856~1931년)는 1894년에서 1919년까지 도이체방크의 이사로 재직했으며, 1919년에서 1931년까지는 이 은행의 감독이사회에 속해 있었다.—옮긴이

를 위한 선동을 시작했다. 베를린 최대 은행의 거대한 기구 전체와 모든 광범위한 '관련자'들이 동원되고, 신문은 미국의 트러스트의 '속박'에 반대하는 '애국적인' 주장을 외쳤다. 제국의회는 1911년 3월 15일 거의 만장일치로 석유전매법안을 작성할 것을 정부에 요청하는 결의를 채택했다. 정부는 이 '인기 있는' 발상을 덥석 받아들였다. 그리하여 미국 측 협정당사자를 기만하고, 국가전매를 통해 자신들의 사업을 재건하려는 도이체방크의 도박은 성공할 것처럼 보였다. 독일의 석유왕들은 러시아의 제당업자의 이윤에도 뒤떨어지지 않을 엄청난 이윤에 미리 기뻐하고 있었다……. 하지만 첫째, 독일의 대은행들이 노획물의 분배를 놓고 자기들끼리 다투기 시작하여, 베를린할인은행은 도이체방크의 탐욕스러운 관심을 폭로했다. 둘째, 정부가 록펠러와 싸움에 두려움을 갖고 있었다. 이는 록펠러를 도외시하고서 독일이 석유를 손에 넣을 수 있을지가 (루마니아의 생산량은 크지 않았다.) 몹시 의심스러웠기 때문이다. 세 번째, 마침 그때 독일의 전쟁 준비를 위해 수십억에 이르는 1913년도 예산이 가결되었다. 이렇게 해서 전매법안은 연기되었다. 록펠러의 '석유 트러스트'는 당분간 투쟁의 승리자가 되었다.

베를린의 《디 방크》는 이에 대해 독일은 전력의 전매를 실시하고, 수력을 이용해서 값싼 전기를 만들어내지 않고서는 석유 트러스트와 싸울 수 없다고 썼다. "그러나" 이 잡지는 다음과 같이 덧붙인다. "전력의 전매는 전력생산자가 그것을 필요로 하는 때에야 실시될 수 있을 것이다. 다시 말해 전기산업에 대붕괴가 다시 임박해올 때, 그리고 오늘날 전기산업의 민간 '콘체른'이 곳곳에 건설하고 있는 거대하고 값비싼 발전소들이—그것을 위해 이 '콘체른'은 지금까지 도시와 국가 등으로부터 얼마간 부분적인 독점을 부여받고 있는 것이지만—어느새 유리하게 영업할 수 없을 때 실행될 것이다. 그때는 수력을 이용할 수밖에 없을 것이다. 하지만 국영으로는 수력에서 값싼 전력을 얻을 수 없으며, 수력은 다시 '국가가 통제하는 민간독점'으로 넘어갈 수밖에 없을 것이다. 왜냐하면 민간산업은 이미 많은 거래계약을 체결하고 있어서, 거액의 보상금을 획득하고 있기 때문이다. …… 질산염 전매도 그랬고, 석유 전매도 그랬으며, 전력 전매도 그러할 것이다. 지금 당장은 아름다운 원리에 눈이 멀어 있는 우리의 국가사회주의자들도 마침내 다음의 것을 이해해야 할 때일 것이다. 즉 독일에서 전매는 소비자에게 이익을 갖다 준다든가, 또는 국가에 기업자 이득의 일부라도 전해주든가 하는 목적을 가진 것도, 그런 결과를 가져왔던 것도 결코 아니었고, 그것은, 파산에 처한 사적 기업을 국가의 부담으로 구제하는 데 기여했을 뿐이었다."[148]

독일의 부르주아 경제학자들은 이와 같은 귀중한 고백을 할 수밖에 없게 되었다. 우리는 여기서 금융자본의 시대에 민

[148] 레닌 주《디 방크》, 1912년, 1호, 1036쪽. 1912년, 2호, 629쪽; 1913년, 1호, 388쪽.

간독점과 국가독점이 하나로 얽혀 있다는 것, 양자가 실제로는 세계 분할을 위해 가장 큰 독점가들끼리 벌이는 제국주의적 투쟁의 개개의 고리에 지나지 않는다는 것을 명확히 보게 된다.

해운업에도 집중의 거대한 성장은 세계 분할로 인도하고 있다. 독일에서는 두 개의 거대회사, 함부르크-아메리카와 노르드도이처로이트가 두드러진다.[149] 두 회사도 각기 2억 마르크의 자본(주식과 회사채)과 가격이 1억 8,500만~1억 8,900만 마르크인 기선을 가지고 있다. 한편, 미국에서는 1903년 1월 1일, 이른바 모르간 트러스트로 알려진 국제상선회사가, 미국과 영국의 해운회사 9개가 합병하여 1억 2천만 달러(4억 8천만 마르크)의 자본을 가지고 설립되었다. 이미 1903년에 독일의 거대회사와 이 미국과 영국의 트러스트는 이윤의 분배에 관련하여 세계 분할에 대한 협정을 맺었다. 독일 회사는 영국과 미국 사이의 운송 업무에서 경쟁을 포기했다. 어떤 항구가 어떤 회사에 '할당되는가'가 엄밀히 규정되고, 공동통제위원회 등이 설치되었다. 이 협정은 20년 기한으로 체결되었지만, 전시에는 무효가 된다는 용의주도한 조건이 붙어 있었다.[150]

국제 철도 카르텔의 형성사 또한 매우 교훈적이다. 영국, 벨기에, 독일의 철도 제조업자들이 이 산업의 매우 심각한 침체기였던 1884년에 이미 처음으로 이러한 카르텔의 설립을 시도

149 두 회사는 1970년에 합병하여 하파크로이트가 되었다.─옮긴이
150 레닌주 리서, 앞의 책, 125쪽.

했다. 이들은 협정에 참가한 나라들의 국내시장에서는 경쟁하지 않을 것과, 영국 66퍼센트, 독일 27퍼센트, 벨기에 7퍼센트의 비율로 해외시장을 분할하기로 합의했다. 인도는 전부 영국의 것으로 돌아갔다. 협정에 참가하지 않은 영국의 한 회사에 대해서는 공동으로 대항하고, 그 비용은 총 매출액에서 일정한 비율에 따라 조달했다. 그러나 1886년 두 영국 회사가 이연합에서 탈퇴하면서 트러스트는 붕괴되었다. 특징적인 것은 그 뒤에 이어진 산업의 호황기 동안에는 합의에 도달하지 못했다는 점이다.

1904년 초에 독일에서 철강 신디케이트가 설립되었다. 그리고 1904년 11월에는 영국 53.5퍼센트, 독일 27.83퍼센트, 벨기에 17.67퍼센트의 비율로 국제 철도 카르텔이 부활했다. 뒤이어 프랑스가 첫해, 둘째 해, 셋째 해에 100퍼센트를 초과하는 4.8퍼센트, 5.8퍼센트, 6.4퍼센트의 비율로 협정에 참가하자 총량은 104.8퍼센트 등이 되었다. 1905년 미국의 US 스틸 코퍼레이션이, 그 다음에는 오스트리아와 스페인이 이 협정에 참가했다. 포겔슈타인은 1910년에 이렇게 썼다. "현 시점에서 지구의 분할은 완료되었고, 거대 소비자들, 특히 국영철도들은 그들의 이익을 보장받지 못하고 세계가 분할됐기 때문에 이제 제우스의 천상에서 시인처럼 살 수 있는 것이다."[15] 또 국제 아연

15ㅣ 레닌 주 포겔슈타인, 『영국과 미국의 철강산업 및 섬유산업의 조직 형태』, 100쪽.

신디케이트에 대해서 이야기해보자면, 이것은 1909년에 설립되어 독일, 벨기에, 프랑스, 스페인, 영국 등 5개국의 공장집단들 사이에 생산량을 꼼꼼하게 할당했다. 그리고 국제 화약 트러스트는, 리프만의 말에 따르면, "독일의 모든 폭약 제조업자들 사이에 아주 현대적인 긴밀한 동맹이 있어, 이 제조업자들은 나중에 자신들을 본따 조직된 프랑스와 미국의 폭약 제조업자들과 함께, 말하자면 자기들끼리 전세계를 분할했다."[52]

리프만은 독일이 참여하는 국제 카르텔들의 수가 1897년에는 모두 40개 정도였으나 1910년경에 이미 100개에 이르렀다고 추산했다. 몇몇 부르주아 저술가들(예를 들어 1909년만 해도 마르크스주의적 입장을 취하던 K. 카우츠키도 이제는 마르크스주의를 완전히 배신하고 이 무리에 가담했다.[53])은 국제 카르텔이야말로 자본의 국제화의 가장 눈에 띄는 표현들 가운데 하나이며 자본주의 아래에서 국민들 사이의 평화를 기대할 수 있게 해준다는 견해를 표명했다. 이 견해는 이론적으로는 완전히 터무니없는 것이며, 실천적으로는 최악의 기회주의를 옹호하는 궤변이자 부정직한 방식이다. 국제 카르텔들은 지금 자본주의 독점체가

---

152 레닌 주 리프만, 『카르텔과 트러스트』, 2판, 161쪽.

153 괄호 속의 문장은 1917년 판에서는 삭제된 문장이다. 이 책을 출판한 파루스 출판사의 멘셰비키들이 카우츠키를 비호하려고 했기 때문이다. 초판에서 카우츠키 등 기회주의자들을 비판한 부분을 수정한 예는 이외에도 많지만 일일이 지적하지는 않을 것이다.(일어판 주석 참조)—옮긴이

어느 정도까지 성장했는지를, 그리고 어떤 **목표**를 위해 자본가 조합들이 서로 투쟁하는지를 보여준다. 후자의 상황은 매우 중요하다. 그것만이 지금 일어나고 있는 일[154]의 역사적·경제적 의미를 우리에게 명확하게 규명해주는데, 왜냐하면 투쟁의 형태는 다양한, 비교적 부분적이고 일시적인 원인들에 따라 변할 수 있고, 끊임없이 변하는 것이지만, 투쟁의 **본질**, 즉 그것의 계급적 내용은 계급들이 존재하는 한 **결코** 변할 수 없는 것이기 때문이다. 현재의 경제적인 투쟁의 **본질**(세계 분할)을 모호하게 남겨두고, 이 투쟁의 이런저런 **형태**를 강조하는 것은, 예를 들면 카우츠키가 자신의 이론적 논의에서 본질적으로 그쪽 편으로 넘어가버린 독일 부르주아의 이익이 되는 일이다. (카우츠키에 대해서는 뒤에서 이야기하겠다.) 카우츠키가 저지르고 있는 것은 바로 그런 실수인 것이다. 물론 여기서 문제가 되는 것은 독일 부르주아가 아니라 전세계의 부르주아다. 자본가들이 세계를 나눠먹는 것은 특별히 나쁜 마음을 먹었기 때문이 아니라, 집중이 도달한 단계가 이윤 획득을 위해 그들을 선택의 여지 없이 그 길에 세우기 때문이다. 동시에 그들은 세계를 '자본에 비례해서', '힘에 따라서' 나눠 먹는데, 상품생산과 자본주의 체제 아래에서 다른 분할 방식이 있을 수 없다. 그런데 힘은 경제적·정치적 발전에 따라 변화하다. 지금 일어나고 있는 일

154 1차 세계대전을 말한다. 레닌은 검열을 우려해서 이렇게 표현했는데, 바로 "노예의 언어"의 한 예다.—옮긴이

을 이해하기 위해서는 어떤 문제가 힘의 변화에 따라 해결되고 있는지를 알지 않으면 안 된다. 그리고 이것이 '순수하게' 경제적인 변화인가, 아니면 경제 외적인 (예를 들면 군사적인) 변화인가 라는 문제는 부차적인 문제이기 때문에, 최근의 자본주의 시대에 대한 기본적인 견해를 조금도 변하게 할 수는 없다. 자본가 연합들 사이에서 벌어지는 투쟁과 협약의 본질 문제를, 투쟁과 협약의 형태 문제(오늘은 평화, 내일은 전쟁, 모레는 다시 전쟁 식으로)로 스리슬쩍 뒤바꾸는 짓은 궤변가의 역할로 전락했음을 의미한다.

자본주의의 최근 단계의 시대는 세계의 경제적인 분할을 기초로 자본가 연합들 사이에 어떤 관계들이 만들어지고 있고, 이와 함께 세계의 영토적 분할, 식민지를 얻기 위한 투쟁, 즉 '경제적 영토를 얻기 위한 투쟁'을 기초로 정치적 동맹들, 국가들 사이에 어떤 관계들이 만들어지고 있다는 사실을 우리에게 보여준다.

6장
열강들 사이의 세계 분할

지리학자 A. 주판(Supan)[155]은 '유럽 식민지의 영토 확장'에
대한 책에서 19세기 말에 이루어진 이 확장을 다음과 같이 간
략하게 요약한다.[156]

| 유럽의 식민지 열강들(미국 포함)에 속하는 토지 면적의 비율 |

	1876년	1900년	증가율
아프리카	10.8%	90.4%	+79.6%
폴리네시아	56.8%	98.9%	+42.1%
아시아	51.5%	56.6%	+5.1%
오스트레일리아	100.0%	100.0%	—
아메리카	27.5%	27.2%	−0.3%

그는 "따라서 이 시기의 특징은 아프리카와 폴리네시아의

155 알렉산더 주판(1847~1920년)은 오스트리아의 지리학자이자 기후학자
다. 연평균기온의 등온선을 기준으로 세계 기후를 한대, 온대, 열대로
구분한 것으로 유명하다.—옮긴이

156 레닌 주 A. 주판, 『유럽 식민지의 영토 확장*Die territoriale Entwicklung
der europäischen Kolonien*』, 1906년, 254쪽.

분할이다"라고 결론짓는다. 하지만 아시아나 아메리카에도, 그 어느 나라에 속하지 않은 무주공산의 땅은 없기 때문에, 우리는 주판의 결론을 확대하여 이 시기의 특징은 지구의 최종적인 분할이라고 말해야 마땅할 것이다. 이 최종적이란 것은 **재분할**이 불가능하다는 의미가 아니라(그렇기는커녕 재분할은 가능할 뿐만 아니라 불가피하다) 자본주의 나라들의 식민 정책이 지구상의 미점령지에 대한 장악을 완성했다는 의미다. 세계는 처음으로 완전히 분할되었다. 그러므로 앞으로는 오직 재분할만 가능할 뿐이다. 다시 말해 주인이 없는 상태에서 '주인'에게 넘어가는 것이 아니라, 한 '소유자'에게서 다른 '소유자'에게로 넘어가는 것이다.

따라서 우리는 전세계 식민화 정책의 시대라는 독특한 시대를 겪고 있는 것인데, 이는 '자본주의 발전의 최근 단계', 즉 금융자본과 밀접하게 결합되어 있다. 그러므로 이 시대와 그 이전 시대의 차이, 그리고 현 시기의 상황을 되도록 정확하게 규명하기 위해서는 먼저 실제 수치자료들을 더 자세히 살펴볼 필요가 있다. 이 경우 무엇보다 사실에 관련해 두 가지 문제가 제기된다. 즉 식민화 정책의 강화, 식민지를 얻기 위한 투쟁의 격화가 과연 꼭 금융자본의 시대에 나타난 것인가, 그리고 지금 이 측면에서 정확히 어떻게 세계가 분할돼 있는가 하는 것이다.

미국의 저술가 모리스(Morris)는 식민화의 역사에 관한 책에서 19세기의 여러 시기에 있어 영국·프랑스·독일의 식민지 보유 규모에 관한 통계 수치를 개괄해보려고 시도했다.[157] 그가 얻은 결과를 요약하면 다음과 같다.[158]

| 식민지 점유 |

연도	영국		프랑스		독일	
	면적 (100만 평방마일)	인구 (100만 명)	면적 (100만 평방마일)	인구 (100만 명)	면적 (100만 평방마일)	인구 (100만 명)
1815~30년	?	126.4	0.02	0.5	—	—
1860년	2.5	145.1	0.2	3.4	—	—
1880년	7.7	267.9	0.7	7.5	—	—
1899년	9.3	309.0	3.7	56.4	1.0	14.7

영국에서 식민지 정복이 가장 활발하게 확대된 시기는 1860~80년대였으며, 19세기 마지막 20년에도 몹시 왕성했다. 프랑스와 독일에서는 식민지 확대의 시기가 그 마지막 20년이었다. 우리가 앞서 보았던 대로 독점 이전의 자본주의, 자유경쟁이 지배하고 있던 자본주의의 발전이 절정에 달했던 시기는 1860년대와 70년대. 우리는 지금 바로 그 시기 직후에 식민

---

157 레닌은 『제국주의에 대한 노트』에서 모리스의 저서 『식민화의 역사』를 검토하면서, 이 책에 대해 "사실의 무의미한 나열"이지만 "통계의 개괄은 매우 흥미롭다"고 논평했다.—옮긴이

158 레닌 주 헨리. C. 모리스, 『식민화의 역사 The History of Colonisation』, 뉴욕, 1900년, 2권, 88쪽; 1권, 419쪽; 2권, 304쪽.

지 정복의 엄청난 '고양'이 시작되고, 세계 영토를 분할하기 위한 투쟁이 극도로 격화된 것을 보고 있다. 따라서 독점자본주의의 단계로의, 금융자본으로의 자본주의의 이행이 세계의 분할을 위한 투쟁의 격화와 연관돼 있다는 사실은 의심할 여지가 없다.

홉슨은 자본주의에 대해 쓴 저서에서 1884~1900년의 시기를 주요한 유럽 국가들의 맹렬한 '팽창'(영토 확장)의 시대로 특별히 구분하고 있다. 그의 계산에 다르면 영국은 이 시기에 5,700만 인구를 가진 370만 평방마일을, 프랑스는 3,650만 인구를 가진 360만 평방마일을, 독일은 1,470만 인구를 가진 100만 평방마일을, 벨기에는 3,000만 인구를 가진 90만 평방마일을, 포르투갈은 900만 인구를 가진 80만 평방마일을 획득했다. 19세기 말, 특히 1880년대 이후에 모든 자본주의 국가들이 식민지를 차지하기에 여념이 없었음은 외교사와 대외정책사에서 널리 알려져 있는 사실이다.

영국에서 자유경쟁이 가장 활발했던 시기인 1840~60년대에는 그 나라의 지도적인 부르주아 정치가들이 식민정책을 반대했다. 그들은 식민지를 해방시키고, 영국에서 식민지를 완전히 분리하는 것이 필연적이며 자신들에게 유익한 일이라고 생각했다. M. 비어(Beer)[159]는 1898년에 발표한 「현대 영국 제국주의Modern British Imperialism」[160]에서 일반적으로 제국주의에 대한 지향을 갖고 있는 디즈레일리(Disraeli)[161] 같은 영국 정치가조차 "식민지는 우리의 목에 매달린 맷돌"이라고 말했다고 지적했다. 하지만 19세기 말에는 공공연하게 제국주의를 천명하며 가장 뻔뻔스럽게 제국주의적 정책을 실행한 세실 로즈(Cecil Rhodes)[162]와 조지프 체임벌린(Joseph Chamberlain)[163]이 영국의 시대적 영웅이었다!

이미 그 당시에 영국 부르주아의 지도적 정치가들이 현대 제국주의의, 이른바 순수한 경제적 뿌리와 사회적·정치적 뿌리의 연관성을 명확히 파악하고 있었다는 것은 흥미로운 일이 아닐 수 없다. 체임벌린은 제국주의가 "진실하고 현명하며 경제적인 정책"이라고 주장하면서, 영국이 지금 세계 시장에

159 오스트리아 태생의 마르크스주의 문필가·경제학자·역사가인 막스 비어(1864~1943년)를 가리킨다. 본명은 모제스 비어(Moses Beer)로 문필 활동 초기에 제국주의에 관한 글들로 알려졌으며, 1차 세계대전 이전에는 주로 영국과 미국에 거주하며 《노이에 차이트》 등 독일 사회민주당이 발간하는 매체들에 기고했다. 나중에 독일 공산당에서 활동하기도 했으며, 나치가 집권하자 영국으로 망명하여 그곳에서 죽었다.─옮긴이

160 레닌 주 《노이에 차이트》, 16권, 1호, 1898년, 302쪽.

161 벤저민 디즈레일리(1804~81년)는 영국의 토리 당(보수당) 정치가로, 1868년과 1874~80년에 총리를 지냈다.─옮긴이

162 세실 존 로즈(1853~1902년)는 영국의 아프리카 분할에 앞장선 제국주의 정치가로, 남아프리카 케이프의 식민지 총독이 되어 다이아몬드 광산, 철도, 전신사업 등을 경영하며 막대한 재산을 모았다. 보어 전쟁 중 병사했다.─옮긴이

163 조지프 체임벌린(1836~1914년)은 보어 전쟁 발발 당시 식민장관이었으며, 전쟁을 적극 지지하여 제국주의자라는 비난을 받았다.─옮긴이

서 독일, 미국, 벨기에의 도전을 받고 있음을 지적했다. 구원은 독점에 있다. 자본가들은 그렇게 말하며 카르텔과 신디케이트와 트러스트를 만들었다. 구원은 독점에 있다. 부르주아지 정치 우두머리들도 앵무새처럼 그 말을 따라 하며 지구상의 아직 분할되지 않은 부분을 강점하기 위해 서둘렀다. 세실 로즈는 친구인 언론인 스테드(Stead)[164]가 말한 바에 따르면 1895년에 자신의 제국주의 사상에 대해 그에게 다음과 같이 말했다. "나는 어제 런던의 이스트엔드(노동자 구역)에 가서 실업자들의 집회에 가보았다네. 거기서 '빵을! 빵을!'이라고 외치는 난폭한 연설을 듣고는 집으로 돌아오는 길에 그 광경을 곰곰이 생각해보면서 나는 지금까지보다 더 제국주의의 중요성을 확신하게 되었네. …… 가슴에 품은 나의 이상은 사회 문제를 해결하는 것이라네. 그러니까 영국의 4천만 국민을 피비린내 나는 내란에서 구원하기 위해서 우리 식민정치가는 과잉인구를 이주시키고, 공장과 광산에서 생산되는 상품의 새로운 시장을 획득하기 위해 새로운 영토를 손에 넣지 않으면 안 된단 말일세. 내가 늘 말하는 것처럼 제국이란 빵과 버터의[165] 문제라네. 내란이 일어나길 바라는 게 아니라면 여러분은 제국주의자가

164 탐사보도의 창시자로 유명한 영국의 언론인 윌리엄 토머스 스테드(1849~1912년)를 가리킨다. 초기에는 이상주의적 제국주의자로 세실 로즈에게 영향을 끼쳤으나 보어 전쟁이 발발하자 사이가 틀어졌다.—옮긴이

165 레닌은 이를 러시아어로 옮기면서 "위장의" 문제라고 번역했다.—옮긴이

될 수밖에 없다는 거야."166

이것이 백만장자이자 금융왕, 그리고 보어 전쟁의 장본인인 세실 로즈가 1895년에 한 말이다. 그런데 그의 제국주의 옹호는 사실 조잡하고 파렴치한 것에 불과하지만, 본질에 있어서 마슬로프(Maslov), 쥐데쿰(Albert Südekum), 포트레소프(Potresov), 다비트(David), 러시아 마르크스주의의 창시자 등의 '이론'과 다를 바 없다. 세실 로즈는 조금 더 정직한 사회배외주의자였던 것이다……167

166 레닌 주 같은 잡지, 304쪽.

167 1917년에 이 책의 초판이 출간되었을 때는, 이 부분의 두 문장(그런데 그의 제국주의~사회배외주의자였던 것이다)이 삭제된 채 출간되었다. 러시아 마르크스주의의 창시자는 당연히 플레하노프를 가리키는 것이며, 그의 앞에 거론된 네 사람은 독일과 러시아 사회민주주의자들 가운데 전쟁을 지지했던 인물들이다. 멘셰비키이자 농업경제 전문가인 마슬로프는 전쟁에서 러시아가 승리하는 것이 모든 계급에게 이득이 될 것이라고 주장했다. 콜론타이의 오랜 연인이었던 그는 혁명 후에도 소련에서 경제학자로 활동했다. 포트레소프는 레닌, 마르토프와 함께 이스크라 그룹을 조직했고 러시아사회민주노동당 건설을 주도했으나 이후 멘셰비키가 되면서 레닌과 결별했다. 1차 세계대전이 발발하자 즉각 조국 방어 입장에 서서 러시아와 연합국의 승리를 지지했다. 10월 혁명을 반대했고, 1925년 소련 정부의 허가를 받아 망명했다. 쥐데쿰은 독일 사회민주당 우파 지도자들 가운데 한 사람으로 전쟁이 발발하자 러시아와 프랑스에 맞서 조국을 방어할 것을 강력하게 주장했다. 다비트는 독일 사민당 우파의 대표적 정치인으로 1차 세계대전 전에 국회의원과 사회민주당 원내대표를 지냈고, 독일 사회민주당과 제2인터내셔널의 분열을 불러온 1914년 8월 14일 독일 의회에서 사회민주당 의원단의 전쟁공채 찬성 투표를 주도했다.—옮긴이

세계의 영토 분할과 그와 관련한 최근 수십 년의 변화를 될 수 있는 한 정확하게 묘사하기 위해, 앞서 언급한 책에서 주판이 세계 모든 열강의 식민지 영유 문제에 대해 제시한 총괄적인 자료를 이용하겠다. 주판은 1876년과 1900년을 택하고 있지만, 내가 선택한 해는 1876년과 1914년이다. 1876년은 매우 적절하게 선택된 시점이다. 왜냐하면, 대체로 확실히 이 무렵 독점 이전의 단계에 서유럽 자본주의 발전이 끝났다고 생각할 수 있기 때문이다. 그리고 1914년에 대해서는 주판의 수치 대신 휘브너(Hübner)의 지리통계표에서 새로운 수치들을 인용하겠다.[168]

주판은 식민지만을 다루고 있지만, 우리는—세계 분할의 완전한 모습을 보여주기 위해—비식민지 국가들과 반식민지 국가들에 대한 수치를 간단하게 덧붙이는 것이 유익하다고 생각한다. 우리가 반식민지 범주에 넣은 것은 페르시아, 중국, 터키로, 이 중 맨 앞의 나라는 이미 거의 완전히 식민지가 되었고, 두 번째와 세 번째 나라는 그렇게 되어가고 있는 중이다.

이렇게 해서 다음과 같은 표가 나온다.

---

168 레닌은 『제국주의에 대한 노트』에서 독일의 경제학자이자 통계학자인 오토 휘브너의 『만국 지리통계표Geographisch statistische Tabellen aller Länder der Erde』와 주판의 『유럽 식민지의 영토 확장』을 상세하게 인용하고 분석했다.—옮긴이

| 열강들의 식민지 보유 |

면적: 100만 평방킬로미터, 인구: 100만 명

	식민지				식민 모국		합계	
	1876년		1914 년		1914 년		1914 년	
	면적	인구	면적	인구	면적	인구	면적	인구
영국	22,5	251,9	33,5	393,5	0,3	46,5	33,8	440,0
러시아	17,0	15,9	17,4	33,2	5,4	136,2	22,8	169,4
프랑스	0,9	6,0	10,6	55,5	0,5	39,6	11,1	95,1
독일	—	—	2,9	12,3	0,5	64,9	3,4	77,2
미국	—	—	0,3	9,7	9,4	97,0	9,7	106,7
일본	—	—	0,3	19,2	0,4	53,0	0,7	72,2
6대 열강 합계	40,4	273,8	65,0	523,4	16,5	437,2	81,5	960,6
나머지 강국들(벨기에, 네덜란드 등)의 식민지							9,9	45,3
반식민지(페르시아, 중국, 터키)							14,5	361,2
나머지 나라들							28,0	289,9
세계 전체							133,9	1,657,0

우리는 19세기에서 20세기로 넘어가는 시기에 어떻게 세계 분할이 '완성'되었는지를 여기서 명확히 보고 있다. 식민지 영토는 1876년 이후 거대한 규모로 확장되었다. 즉 6대 열강의 경우에는 4천만 평방킬로미터에서 6,500만 평방킬로미터로 1.5배 이상 확장되었다. 증가 면적은 2,500만 평방킬로미터로 이는 본국 면적(1,650만 평방킬로미터)의 1.5배다. 열강들 셋은 1876년에는 식민지를 전혀 갖고 있지 않았고, 프랑스 또한 거의 갖고 있지 않았다. 하지만 1904년경 이 네 나라 열강들은

합쳐서 1,400만 평방킬로미터 면적의 식민지를 갖고 있었다. 이는 유럽 면적의 약 1.5배였고, 그 영토에 거주하는 인구는 거의 1억 명에 달했다. 식민지가 확장될 때 그것은 대단히 불균등하게 이루어진다. 예를 들어 프랑스와 독일, 일본을 비교하면, 이들은 면적과 인구에서 별 차이가 없는데도, 프랑스가 나머지 두 나라를 합친 것보다 (그 면적에서) 거의 세 배나 되는 식민지를 획득한 것을 알 수 있다. 뿐만 아니라 금융자본의 규모에서도, 프랑스는 지금 우리가 살피고 있는 시기의 초기에는 독일과 일본의 금융자본을 합한 것보다 아마 몇 배 많은 금융자본을 보유하고 있었을 것이다. 식민지 영토의 규모에는 전적으로 경제적인 조건 외에, 그것을 기초로 한 지리적 조건 등도 영향을 미친다. 최근 수십 년 사이에 대규모 산업과 교역과 금융자본의 압박 아래 각 나라의 경제조건과 생활조건이 평준화되는 세계의 평준화가 매우 활발하게 진행되었지만, 그럼에도 아직 적지 않은 차이들이 남아 있다. 그래서 앞에서 언급한 6개국 안에서도 한편으로는 비상하게 급속히 성장하고 있는 젊은 자본주의 국가들(미국, 독일, 일본)이 보이는가 하면, 최근에는 앞에 말한 나라들보다 훨씬 성장이 둔화되고 있는 자본주의 발전이 오래된 나라들(프랑스, 영국)도 있고, 경제적으로 제일 뒤처져 있어 최근의 자본주의적 제국주의가 전(前)자본주의적 관계의 조밀한 그물망과 얽혀 있는 나라(러시아)도 있다.

앞의 표에는 열강의 식민지 점유와 함께, 차후 일어날 식민지 '재분할'의 가장 확실한 대상인 작은 나라들의 작은 식민지들도 나와 있다. 이 작은 나라들이 대부분 자신의 식민지를 유지하고 있는 것은, 예를 들어 강대국들 사이에 노획물의 분배에 관한 협정을 방해하는 이해의 대립과 알력 등이 존재하는 덕분이다. '반식민지' 국가에 대해 말하자면 이 나라들은 자연과 사회의 모든 분야에서 나타나는 과도적 형태의 한 사례를 보여주고 있다. 금융자본은 온갖 경제관계와 온갖 국제관계에 있어서 지극히 큰, 결정적이라고 말할 수 있을 정도의 세력이기 때문에, 완전한 정치적 독립을 누리고 있는 국가들까지 종속시키는 능력이 있고, 실제로도 종속시키고 있다. 우리는 곧 뒤에서 그 실례를 살펴볼 것이다. 하지만 종속된 나라들에게서 민족의 정치적 독립까지 뺏는 종속 형태가 금융자본에게 가장 큰 '편리함'과 가장 큰 이득을 준다는 것은 말할 필요도 없다. 반식민지는 이런 측면에서 '중간 단계'의 전형적인 형태다. 나머지 세계가 이미 분할돼버린 금융자본의 시대에 이들 반(半)종속 국가들을 쟁취하기 위한 투쟁이 특히 격화될 수밖에 없다는 것은 자명한 일이다.

식민정책과 자본주의는 자본주의의 최근 단계 전에도 존재했고, 자본주의 전에도 존재했다. 노예제에 기초를 둔 로마는 식민정책을 수행하고 제국주의를 실현했다. 그러나 여러 경제적 사회구성체들의 근본적 차이를 잊거나 뒤로 밀어놓고 제국주의에 대해서 '일반적'으로 이야기하는 논의는 필연적으로 "대로마제국과 대영제국"을 비교한다거나 하는 공허한 잡담과 허풍이 될 수밖에 없다.[169] 자본주의의 예전 단계들의 자본주의적 식민정책도 금융자본의 식민정책과는 본질적으로 다르다.

최근 자본주의의 기본적 특징은 거대기업가들의 독점연합에 의한 지배라는 것이다. 이러한 독점조직들은 모든 원료산지를 한 손에 장악하고 있을 때 가장 견고하다. 그리고 국제적인 자본가 연합이 경쟁자들에게서 모든 경쟁의 가능성을 빼앗기 위해서, 예를 들어 철광산과 유전 등을 매점하기 위해서 얼마나 열심히 노력하고 있는가는 이미 우리가 본 그대로다. 식민지를 보유하는 것만이 경쟁 상대와의 투쟁에서 나타나는 온갖 우연—경쟁자가 국가전매법으로 자신을 보호하려고 할지 모른다는 우연까지 포함해서—에 대해 독점의 성공을 완벽하게 보장한다. 자본주의가 고도로 발전하면 발전할수록, 원료의 부족이 심하게 느껴질수록, 또 전세계적으로 경쟁과 원료산지에 대한 추구가 격화될수록 식민지 획득을 위한 투쟁은 그만큼 필사적이 된다.

쉴더는 이렇게 쓰고 있다. "일부 사람들은 어쩌면 역설적이라고 생각하겠지만, 도시공업 인구의 증가는 어느 정도 가까

169 레닌 주 C. P. 루카스(Lucas), 『더 위대한 로마와 더 위대한 영국*Greater Rome and Greater Britain*』, 옥스포드, 1912년; 크로머 백작(Earl of Cromer), 『고대와 현대의 제국주의*Ancient and Modern Imperialism*』, 런던, 1910년.

운 장래에 식료품 부족 때문이라기보다 오히려 공업원료의 부족 때문에 억제될지도 모른다고 주장할 수도 있다." 예를 들면, 목재의 부족이 심해지고 있기 때문에 목재가격은 더욱더 올라가고 있다. 피혁공업과 섬유공업의 원료도 마찬가지다. "공업가 단체들은 세계 경제 전체의 범위에서 농업과 공업의 균형을 만들어내려고 시도하고 있다. 그 예로서 1904년 이래 존재하고 있는, 몇몇 가장 중요한 공업국에서 면방적업 단체들의 국제적 연합과 1910년에 이것을 본따 설립된 유럽의 아마방적업 단체들의 연합을 들 수 있다."[170]

물론 부르주아적 개량주의자들은, 특히 그 중에서 오늘날 카우츠키주의자들은 이러한 사실들에 대한 인식을 약화시키려고 시도하면서 다음과 같은 지적을 하고 있다. 즉 원료는 '비싸고 위험한' 식민정책 없이도 자유시장에서 손에 넣을 '수 있다'는 것, 원료의 제공은 농업의 전반적 상황에 대한 '단순한' 개선을 통해 두드러지게 증대'할 수 있다'는 것이다. 그러나 이러한 지적들은 제국주의에 대한 옹호와 미화로 바뀐다. 왜냐하면 그것들은 최근 자본주의의 주요한 특징, 즉 독점에 대한 망각에 근거를 두고 있기 때문이다. 자유시장은 더욱더 과거의 것이 되고 있으며, 독점적인 신디케이트들과 트러스트들은 나날이 자유시장의 입지를 좁히고 있다. 그리고 농업 상황의 '단

170 레닌 주 쉴더, 앞의 책, 38~42쪽.

순한' 개선은 결국 대중의 생활수준을 향상시키고, 임금을 올리고, 이윤을 감소시키는 것이다. 식민지를 정복하는 대신 대중의 형편을 배려할 수 있는 트러스트들이란 달콤한 개량주의자들의 환상 속 말고 대체 그 어디에 존재하는가?

금융자본에게는 이미 개발된 원료산지만이 아니라 잠재적인 산지도 중요하다. 왜냐하면 최근에는 기술이 믿을 수 없을 정도로 빠르게 발전하고 있어서, 오늘은 쓸모가 없는 땅이라도 새로운 방법이 발견된다면(이를 위해 대은행은 기술자와 농업학자 등으로 구성된 특별 탐험대를 조직할 수 있다), 그리고 더 많은 자본이 투입된다면 내일은 쓸모 있는 것이 될 수 있기 때문이다. 이는 광물자원의 탐사, 이런저런 원료의 새로운 가공법과 이용법 등에 대해서도 마찬가지다. 따라서 금융자본은 필연적으로 경제성 있는 영토, 나아가 영토 일반을 확장하려는 경향을 띨 수밖에 없다. 트러스트들이 (현재가 아닌) 미래의 '잠재적인' 이윤과 독점이 가져올 미래의 성과를 고려하여 그들의 자산을 두세 배로 평가해서 자본화하는 것과 마찬가지로, 금융자본도 일반적으로 잠재적인 원료산지를 고려하여 어떤 땅이든, 어디 있는 땅이든, 어떻게 해서든 되도록 많은 땅을 정복하려고 애쓰면서, 아직 분할되지 않은 세계의 마지막 땅 한 조각을 위한, 또는 이미 분할된 땅의 재분할을 위한 광기 어린 투쟁에서 뒤처지는 것을 두려워한다.

영국의 자본가들은 **자신들**의 식민지인 이집트에서 면화 생산을 발전시키려고 백방으로 노력하고 있다. 1904년에 이미 이 집트의 경작 가능 면적 230만 헥타르 중에서 60만 헥타르, 즉 4분의 1 이상이 면화 재배지였다. 러시아의 자본가들 또한 자신들의 식민지 투르키스탄에서 똑같은 일을 하고 있다. 그 이유는 그렇게 함으로써 더 쉽게 해외의 경쟁 상대에게 타격을 가할 수 있고, 더 쉽게 원료산지를 독점할 수 있으며, '결합된' 생산을 가지고 면화의 생산과 가공의 모든 단계를 한 손에 집중시킨 보다 경제적이고 이윤이 높은 섬유 트러스트를 더 쉽게 설립할 수 있기 때문이다.

자본수출의 이익 역시 식민지 정복을 부채질한다. 왜냐하면 식민지 시장에서는 독점적 방법에 의해 경쟁 상대를 배제하고 공급을 확보하며 '유착관계'를 단단히 다지는 등의 일이 더 쉽기(아니, 때로는 거기에서만 가능하기) 때문이다.

금융자본의 기초 위에 성장하는 경제 외적인 상부구조, 즉 금융자본의 정책과 이념은 식민지 정복의 열망을 강화한다. "금융자본은 자유가 아니라 지배를 원한다"고 힐퍼딩은 올바르게 서술하고 있다. 또 프랑스의 부르주아 저술가는 앞에서 인용한 세실 로즈의 이상[17]을, 말하자면 발전적으로 보완해서, 현대의 식민정책의 경제적 원인에 사회적 원인들을 덧붙여야 한다고 쓰고 있다. "생활이 복잡해지고, 생활난이 증대하고, 그

[17] 256~7쪽(이 책에서는 128~30쪽—편집자)을 보라.—원서 편집자

것이 노동대중뿐 아니라 중간계급도 짓누르게 되기 때문에 모든 오래된 문명국가들에서 '불안, 분노, 증오가 축적되고, 그것이 사회의 평온을 위협하고 있다. 어떤 일정한 계급적 궤도에서 뿜어져나오는 에너지는 탈출구를 찾아야만 한다. 국내에서 폭발하지 않도록, 그 에너지가 해외로 발산되도록 하지 않으면 안 된다.'"[172]

자본주의적 제국주의 시대의 식민정책을 논함에 있어, 금융자본과 그에 조응하는 국제정책—이것이 바로 세계의 경제적·정치적 분할을 위한 열강들의 투쟁으로 이어진다—이 국가적 종속의 일련의 과도적 형태들을 만들어낸다는 것을 유념하지 않으면 안 된다. 식민지 보유국과 식민지라는 이 두 개의 기본적인 국가집단들뿐 아니라, 정치적·형식적으로는 독립국으로 존재하지만 실제로는 금융상·외교상으로 종속의 그물에 얽매어 있는 각양각색의 종속국들도 이 시대에 전형적인 것이다. 이 형태들 중 하나인 반식민지에 대해서는 이미 앞에서 지적했다. 또 다른 형태의 예로 아르헨티나를 들 수 있다.

슐체-개베르니츠는 영국 제국주의에 대해 쓴 책에서 이렇게 말하고 있다. "남아메리카, 특히 아르헨티나는 거의 영국의 상업 식민지라고 불러도 될 정도로 런던에 금융적으로 종속되

172 레닌 주 발(Wahl), 『식민지에서의 프랑스La France aux colonies』; 앙리 류시에(Henry Russier), 『오세아니아의 분할Le Partage de l'Océanie』, 파리, 1905년, 165쪽에서 재인용.

어 있다."[173] 쉴더는 부에노스아이레스 주재 오스트리아-헝가리 영사의 1909년도 보고서들을 근거로 하여 영국이 아르헨티나에 투자하고 있는 자본이 87억 5천만 프랑이라고 산정했다. 이를 통해 영국의 금융자본(과 그것의 충실한 '친구'인 외교)이 아르헨티나의 부르주아, 그 나라의 모든 경제생활과 정치생활의 지도층과 얼마나 굳건한 유착관계를 맺었을지를 상상하기는 어렵지 않다.

정치적 독립을 유지하면서 금융적·외교적으로 종속되어 있는 조금 다른 형태를 보여주고 있는 예는 포르투갈이다. 포르투갈은 독립된 주권국가지만 사실은 스페인의 왕위계승 전쟁(1701~14년) 이후 200년 넘게 계속 영국의 보호를 받고 있다. 영국은 경쟁자인 스페인이나 프랑스와의 투쟁에서 입지를 강화하기 위해 포르투갈 및 그 식민지 영토를 방어해주었다. 영국은 그 대가로 통상에서 특혜를 받았다. 포르투갈이나 포르투갈의 식민지에 상품을 수출할 때, 그리고 자본을 수출할 때는 특히 더 유리한 조건으로 포르투갈의 항구, 섬, 해저 전선 등을 이용할 수 있었던 것이다.[174] 이런 종류의 관계는 예전에

173 레닌 주 슐체-개베르니츠, 『20세기 초 영국 제국주의와 영국 자유무역Britischer Imperialismus und englischer Freihandel zu Beginn des zwanzigsten Jahrhunderts』, 라이프니츠, 1906년, 318쪽; 자르토리우스 폰 발터스하우젠(Sartorius von Waltershausen), 『해외투자의 국민경제학 체계Das volkswirtschaftliche System der Kapitalanlage im Auslande』, 베를린, 1907년, 46쪽도 같은 것을 말하고 있다.

도 개개 강대국과 약소국 사이에 언제나 존재했다. 그러나 자본주의적 제국주의 시대에 와서 그것은 보편적인 체제가 되어 '세계 분할'의 관계들의 총체에 일부가 되고 세계 금융자본의 활동들의 사슬고리로 전환되고 있다.

세계 분할이라는 문제를 끝내기 위해서는 역시 다음의 내용에 유의해야 한다. 미국-스페인 전쟁 이후의 미국 문헌과 보어 전쟁 이후의 영국 문헌만이 19세기 말부터 20세기 초까지에 걸쳐 이 문제를 완전히 공공연하게, 그리고 명백하게 제시했던 것은 아니고, 또 누구보다도 '시기에 차서' '영국 제국주의'를 뒤쫓고 있던 독일의 문헌들만이 이 사실을 체계적으로 평가한 것도 아니다. 프랑스의 부르주아 문헌들에서도 이 문제는 부르주아적 견지에서 생각될 수 있는 한 충분히 명쾌하고 광범위하게 제시되고 있다. 역사가 드리오(Driault)[175]를 인용해 보자. 그는 『19세기 말의 정치 문제와 사회 문제 *Les Problèmes politiques et sociaux à la fin du XIXe siècle*』라는 저서의 "열강과 세계의 분할"이라는 장에서 이렇게 쓰고 있다. "지난 몇 년 사이, 유럽과 북아메리카의 열강들은 중국을 제외한 지구상의 모든 자유로운 지역들을 정복했다. 이미 몇 차례 분쟁들과 세력 변화들이 일어났지만, 임박한 미래에 더욱 무서운 폭발이 예상되고 있다. 왜냐하면 서둘러야 하기 때문이다. 아직 아무

174 레닌주 쉴더, 앞의 책, 1권, 160~1쪽.
175 프랑스 역사가 장-에두아르 드리오(1864~1947년)를 가리킨다.—옮긴이

것도 확보하지 못한 국민은 결코 자신의 몫을 받을 수 없을 것이며, 다음 세기(20세기)의 본질적인 현상들 가운데 하나가 될 지구에 대한 대대적인 착취에 참여하지 못할 것이기 때문이다. 이것이 바로 유럽 전체와 아메리카가 최근 식민지 확장의 열병에, 19세기 말의 가장 현저한 특징인 '제국주의'라는 열병에 휩싸인 이유다." 그러면서 저자는 이렇게 덧붙인다. "이러한 세계 분할에 있어, 지구의 보물과 거대한 시장을 얻기 위해 열렬한 경주를 하는 데 있어, 19세기에 형성된 제국들의 세력관계가 그들 제국을 건설한 민족들이 유럽에서 차지하고 있는 지위와 반드시 비례하는 것은 아니다. 또한 유럽에서 우위에 있는 강대국들, 유럽의 운명을 좌지우지하는 나라들이라고 해서 전세계적으로도 지배력을 갖고 있는 것은 아니다. 그리고 식민지의 규모, 즉 아직 평가되지 않은 부의 가능성이 유럽 국가들의 세력관계에 영향을 미칠 것이 분명하기 때문에, 식민지 문제 또는 그렇게 부르고 싶다면 '제국주의'는 유럽 자체의 정치적 조건들을 이미 변화시켰으며, 앞으로 더욱더 변화시키게 될 것이다."176

176 레닌 주 J.-E. 드리오, 『19세기의 정치 문제와 사회 문제 *Les problèmes politiques et sociaux à la fin du XIXe siècle*』, 파리, 1900년, 299쪽.

7장
자본주의의 특수한 단계로서의 제국주의

이쯤에서 제국주의에 대해 앞에서 말한 것들을 모아 총괄해보도록 하자. 제국주의는 자본주의 일반이 가진 기본 특성들이 발전한 것이자, 그 직접적인 결과로 나타난 것이다. 하지만 자본주의는 그 발전 단계의 아주 높은 특정 단계에 이르렀을 때에만 자본주의적 제국주의가 된다. 이 단계에 이르면 자본주의의 몇몇 기본 특성들이 각각 자신의 대립물로 전화하기 시작하며, 자본주의로부터 더 높은 사회·경제체제로 넘어가는 이행기의 특징들이 모든 면에서 형성되고 드러나게 된다. 경제면에서 보면 이 과정에서 중요한 것은, 자본주의적 독점이 자본주의적 자유경쟁을 대체한다는 것이다. 자유경쟁은 자본주의 및 상품생산 일반의 기본 특성이며, 독점은 자유경쟁의 직접적인 대립물이다. 그러나 지금까지 우리 눈으로 자유경쟁이 독점으로 전화하는 과정을 지켜보지 않았는가. 자유경쟁은 대규모 생산을 창출하여 소규모 생산을 몰아내고, 대규모 생산을 더더욱 거대한 규모의 생산으로 대체했으며, 생산과 자본의 집중을 초래하여 그로부터 독점이, 다른 말로는 카르텔·

신디케이트·트러스트 및 그것들과 융합하여 수십억을 움직이는 십여 개 은행들의 자본이 자라나와 계속 성장할 수 있게 했다. 이러는 동시에 자유경쟁에서 자라나온 독점은 자유경쟁을 제거하는 것이 아니라, 그것 위에 그것과 나란히 존재하면서, 일련의 특별히 첨예하고 격렬한 모순·마찰·갈등 들을 만들어 낸다. 독점은 자본주의에서 더욱 높은 체제로 이행하는 과정인 것이다.

만약 제국주의를 최대한 간단하게 정의해야 한다면, 제국주의는 독점 단계의 자본주의라고 해야 할 것이다. 이 정의는 가장 중요한 것을 함축하고 있다. 왜냐하면 한편으로 금융자본이란 산업가 독점연합의 자본과 융합한 소수의 거대 독점은행들의 은행자본이기 때문이며, 다른 한편 세계 분할이란 아직 어떤 자본주의 강대국도 점령하지 않은 지역으로 아무 방해 없이 확장할 수 있었던 식민정책에서 이미 완전히 분할된 세계 영토를 독점적으로 보유하려는 식민정책으로의 이행이기 때문이다.

하지만 지나치게 간단한 정의는, 요점을 간추리고 있어서 편리하긴 하지만, 정의해야 하는 현상의 매우 중요한 특징들을 그것들로부터 연역해내야 하므로 역시나 불충분하다. 따라서 모든 정의는 제한적이고 상대적이며, 그것의 발전으로부터 연쇄되어 발생하는 모든 현상을 다 포괄할 수는 없음을 기억하면서, 다음과 같은 다섯 가지 기본 양태[77]를 포함하는 제국주의에 대한 정의를 내려야 할 것이다.

(1) 독점을 창출하여 그것이 경제생활에서 결정적인 역할을 하게 될 정도로 높은 발전 단계에 도달한 생산과 자본의 집중 (2) 은행자본과 산업자본의 융합, 그리고 이 '금융자본'을 기초로 한 금융과두제의 탄생 (3) 상품수출과 구별되는 자본수출이 특별히 중요한 의미를 획득 (4) 세계를 분할하는 자본가들의 국제적인 독점연합들 형성 (5) 거대 자본주의 열강들에 의해 지구의 영토적 분할 완료. 요약하자면 제국주의란 독점과 금융자본의 지배가 형성되고, 자본수출이 중요한 의미를 획득하며, 국제 트러스트들에 의한 세계 분할이 시작되고, 가장 큰 자본주의 나라들에 의해 지구의 모든 영토 분할이 완료된 발전 단계에 도달한 자본주의다.

만약 기본적이고 순수한 경제적 의미(앞에서 내린 정의는 그것에 한정되어 있다)뿐 아니라, 이 단계의 자본주의가 자본주의 일반에 대해 갖는 역사적 위치라든가 노동운동 내부의 두 개의 주요한 경향과 제국주의의 관계를 고려한다면, 제국주의를 어떻게 다르게 정의할 수 있고 또 그렇게 정의할 수밖에 없는지에 대해서는 뒤에서 보게 될 것이다. 다만 여기에서는 앞에서처럼 해석된 제국주의는 의심할 여지 없이 자본주의 발전의

177 한국에서는 흔히 일어판의 용어 선택에 따라 '지표'로 많이 알려진 부분이다. 러시아어 "при́знак(프리즈나크)"는 징조, 증세, 모습 등의 뜻을 가지고 있으며, 이 책에서는 양태라는 번역어를 선택했다.—옮긴이

특수한 단계라는 것을 유념하면 된다. 제국주의에 대해 가능한 한 좀 더 근거가 있는 개념을 독자들에게 제공하기 위해 나는, 최근의 자본주의 경제에서 반박의 여지 없이 확증된 사실들을 마지못해 인정하고 있는 **부르주아** 경제학자들의 논설을 되도록 많이 인용하려고 했다. 은행자본 등이 과연 어느 정도까지 성장했는지, 양에서 질로의 전화, 즉 발전한 자본주의의 제국주의로의 이행이 과연 어떻게 나타나고 있는지 볼 수 있도록 자세한 통계수치들을 인용한 것도 같은 목적을 위한 것이다. 자연과 사회의 모든 경계가 제한적이고 유동적이라는 것, 따라서 예컨대 제국주의가 '최종' 확립된 것이 어느 해 또는 몇십 년대인가를 두고 논쟁하는 것은 우스꽝스럽기 짝이 없는 일이라는 것은 따로 말할 필요가 없을 것이다.

　그러나 우리는 제국주의의 정의에 관해서, 무엇보다 먼저 이른바 제2인터내셔널 시대, 즉 1889년부터 1914년까지 25년 동안 가장 중요한 마르크스주의 이론가였던 K. 카우츠키와 논쟁하지 않으면 안 된다. 우리가 제시한 제국주의의 정의에 표현된 기본 사상을 카우츠키는 1915년에, 아니 이미 1914년 11월에 매우 단호하게 반대하며 다음과 같은 점들을 언급했다. 제국주의는 경제의 '국면'이나 단계가 아니라 정책, 즉 금융자본이 '선호하는' 특정 정책으로 이해해야 한다는 것, 제국주의를 '현대 자본주의'와 동일시해서는 안 된다는 것, 만약 제국주의를 카르텔, 보호정책, 금융업자의 지배, 식민정책 같은 '현대 자본주의의 모든 현상'으로 이해한다면 제국주의가 자본주의에 필연적인가라는 문제는 '진부하기 짝이 없는 동어반복'이 돼버릴 텐데 그렇게 되면 '제국주의는 당연히 자본주의에 절실히 필요한 것'이 되기 때문이라는 것 등. 카우츠키의 이러한 생각은 앞에서 내가 서술한 사상의 핵심 내용에 정면으로 반대되는 것이다(왜냐하면 오랫동안 유사한 사상을 펼쳐온 독일 마르크스주의자 진영에서의 반론은 카우츠키가 마르크스주의 내 특정 조류의 반론으로서 일찍부터 알고 있던 것이기 때문이다.[178]). 그런 그의 사상은 그가 제국주의에 대해 내린 정의를 인용할 때 보다 정확히 드

178 카를 리프크네히트를 비롯한 독일 사회민주당 좌익을 가리키는 듯하다. 예를 들어 카를 리프크네히트는 1907년에 이렇게 쓰고 있다. "만일 정직하든 사기꾼이든 어떤 사람들이 예를 들어 독일과 영국의 긴장이 오해 때문에, 심술궂은 기자들의 자극적인 말들 때문에, 외교라는 음악회에서 솜씨 없는 음악가들이 뿜내는 연주 때문에 생기는 것이라고 우리가 믿기를 바란다면, 우리는 달리 알고 있다. 우리는 이 긴장이 세계 시장을 놓고 영국과 독일의 첨예화되는 경제적 경쟁의 필연적 결과, 따라서 고삐 풀린 자본주의 발전과 국제적 경쟁의 직접적 산물이라고 생각한다. …… 우리는 자본주의적 팽창정책과 식민정책이 세계 평화라는 건물 밑에 무수한 지뢰를 놓고 있다는 사실을 알고 있다. 그 도화선은 많은 손들에 쥐여져 있고, 지뢰는 손쉽게 예고 없이 폭발할 수 있다. 물론, 세계 분할이 극도로 진전되어 식민지 보유국들에 의해 가능한 모든 식민지를 관리하는 하나의 트러스트가 형성되어, 자본가들의 사적 경쟁의 영역에서 카르텔과 트러스트를 통해 제한적으로 달성된 바와 같이, 식민지 경쟁이 소멸되는 것을 기대할 수 있는 때가 올지도 모른다. 그러나 그것은 오랜 시간이 걸릴 것이며, 중국이 독자적으로 경제적·민족적 부흥을 이룬다면 아주 먼 미래로 연기될 수도 있다."(『군국주의와 반군국주의*Militarismus und Antimilitarismus*』, 1907년)―옮긴이

러날 것이다.

카우츠키는 이렇게 정의하고 있다.

"제국주의는 고도로 발전한 산업자본주의의 산물이다. 그것은 거기에 어떤 민족이 살고 있는가와 관계 없이, 더 넓은 농업 지역(강조는 카우츠키)을 정복하고 합병하려는 모든 산업자본주의 민족의 열망에 존재한다."[179/180]

이런 정의는 아무 짝에도 쓸모가 없는데, 왜냐하면 하나만 알고 둘은 모르는 정의이기 때문이다. 이 정의는 제멋대로 민족 문제만을(그 자체로도, 제국주의에 대한 관계에 있어서도 대단히 중요한 문제이긴 하지만) 분리해서, 다른 민족을 합병하려는 나라들의 산업자본에만 제멋대로 연관시키는 오류를 범하고 있는 것이다. 그리고 똑같이 제멋대로 농업 지역의 합병만을 부각시키는 오류를 범하고 있다.

제국주의는 합병을 원한다.—카우츠키가 내린 정의의 정치적 부분이 귀결되는 바가 바로 이것이다. 이것은 옳지만 대단히 불완전한 것이다. 왜냐하면 일반적으로 제국주의는 정치적으로 압제와 반동을 추구하기 때문이다. 하지만 지금 우리가 다루고 있는 것은 카우츠키 본인이 자신의 정의에 포함시킨 문

179 레닌 주 1914년 9월 11일 발행된 《노이에 차이트》, 1914년, 2호(32권), 909쪽; 1915년, 2호, 107쪽 이하를 참조하라.

180 인용된 내용이 있는 카우츠키의 글은 「제국주의Der Imperialismus」, 《노이에 차이트》, 1914년과 「재고를 위한 두 개의 문서Zwei schriften zum Umlernen」, 같은 잡지, 1915년이다.—옮긴이

제의 경제적 측면이다. 카우츠키의 정의가 지닌 오류는 한눈에 번쩍 들어온다. 제국주의의 특징은 산업자본이 아니라 바로 금융자본이다. 프랑스에서 1880년대부터 합병(식민)정책이 극단적으로 강화된 것이 산업자본이 약화되고 금융자본이 굉장히 급속하게 발전한 것과 관련이 있음은 우연이 아니다. 제국주의는 농업 지역뿐 아니라 가장 공업화된 지역도 합병하려고 하는 것을 특징으로 하는데(벨기에에 대한 독일의 욕망, 로렌 지역에 대한 프랑스의 욕망), 이는 첫째로 이미 세계 분할이 완결된 탓에 재분할할 때는 모든 종류의 땅에 손을 뻗을 수밖에 없기 때문이고, 둘째로는 헤게모니를 추구하는 여러 강대국들의 경쟁이야말로 제국주의의 본질적 특성이기 때문이다. 즉 그들은 직접적으로 자신을 위해서라기보다 경쟁국을 약화시키고 경쟁국의 헤게모니를 파괴하기 위해서 영토를 장악하려고 한다(독일에게는 벨기에가 영국에 대한 거점으로, 영국에게는 바그다드가 독일에 대한 거점으로 특별히 중요하다).

카우츠키는 여러 차례 되풀이해서 영국을 예로 들고 있는데, 아마도 카우츠키 자신이 말하는 의미에서의 제국주의라는 단어의 순수한 정치적 의미를 영국인들이 규정했다고 생각하고 있는 듯하다. 그렇다면 우리는 영국인 홉슨을 데려와서 1902년에 출판된 그의 저서 『제국주의론』을 읽어보기로 하자.

"새로운 제국주의가 종래의 제국주의와 다른 점은 첫째는 성장하는 단일 제국의 야망 대신 각각 정치적 확장과 상업적 이득에 대한 똑같은 탐욕 때문에 경쟁하는 여러 제국들의 이론과 실천이 나타난다는 것이고, 둘째는 상업상의 이익보다 금융 또는 투자상의 이익이 우위에 선다는 것이다."[181]

우리는 카우츠키가 영국을 일반적인 예로 든 것이 완전히 잘못됐다는 것을 보았다(그는 고작 영국의 속류 제국주의자나 제국주의의 공공연한 옹호자를 인용할 수 있었을 뿐이다). 우리는 카우츠키가 여전히 마르크스주의를 옹호하고 있다고 주장하면서도 실제로는 **사회자유주의자** 홉슨에 비해서도 뒤처져 있음을 확인한다. 홉슨은 현대 제국주의의 두 가지 '역사적으로 구체적인'(카우츠키는 자신의 정의를 가지고 역사적 구체성을 우롱하고 있다!) 특성들, 즉 (1) **몇몇** 제국주의 국가들의 경쟁, (2) 상인에 대한 금융가들의 우위를 더 올바르게 고려하고 있다. 하지만 만일 공업국이 농업국을 합병하는 것이 주로 문제라면, 그 경우에는 상인의 역할이 가장 부각되어야 할 것이다.

카우츠키의 정의는 부정확할 뿐 아니라 마르크스주의적이지도 않다. 그것은 모든 면에서 마르크스주의 이론 및 마르크스주의 실천과 단절한 견해들의 총체에 하나의 토대로 기능하는데, 이에 대해서는 뒤에서 다룰 것이다. 카우츠키가 제기한 용어상의 논쟁, 자본주의의 이 가장 새로운 단계를 제국주의

---

181 레닌 주 홉슨, 『제국주의론』, 런던, 1902년, 324쪽.

라고 부를 것인가, 금융자본 단계라고 부를 것인가 하는 것은 전혀 중요하지 않다. 마음대로 불러라. 아무래도 상관없다. 문제의 본질은 카우츠키가 합병을 금융자본이 '선호하는' 정책으로 설명하고, 합병 정책에다가 금융자본이라는 똑같은 토대 위에서 언뜻 보기에 가능할 것 같은 다른 부르주아 정책을 대립시키는 데 있다. 그 결과 경제에서 독점과 정치에서 독점적이지 않고 강압적이지 않고 침략적이지 않은 행동 방식이 양립할 수 있게 된다. 그 결과 바로 이 금융자본 시대에 완성된, 가장 큰 자본주의 나라들 사이에 경쟁이 보이는 독특한 현 모습의 토대가 되는 지구의 영토 분할이 제국주의적이지 않은 정책들과 양립할 수 있게 된다. 그리하여 가장 새로운 자본주의 단계의 가장 근본적인 모순들의 심각성을 폭로하는 대신 그것을 흐리고 무디게 만들고 마르크스주의 대신 부르주아 개량주의로 귀결되는 것이다.

카우츠키는 독일에서 합병과 제국주의를 옹호하고 있는 대표적인 인물인 쿠노(Cunow)[182]와 논쟁한다. 쿠노는 졸렬하고도 뻔뻔하게 이렇게 주장하고 있다. 제국주의는 오늘날의 자본주의다. 자본주의의 발전은 필연적이며 진보적이다. 따라서 제국

182 하인리히 빌헬름 카를 쿠노(1862~1936년)는 독일사민당의 대표적인 수정주의자들 중 한 사람으로 1917년부터 1923년까지《노이에 차이트》의 편집자로 일했다. 경제사가·인류학자·사회학자로도 알려져 있다. 1차 세계대전 이후 베를린 대학교 교수가 되었으나 히틀러가 집권하면서 파면되었다.─옮긴이

주의는 진보적이며, 그러므로 그 앞에 납작 엎드려 찬양해야 한다! 이런 논리는 1894~5년에 나로드니키[183]가 러시아 마르크스주의자들을 비난하던 조롱, 즉 마르크스주의자들이 러시아에서 자본주의를 필연적이고 진보적인 것이라고 생각한다면 선술집이나 개업해서 자본주의를 보급하는 데 애써야 할 것이라던 조롱과 비슷하다.[184] 카우츠키는 쿠노를 반박한다. 아니다. 제국주의는 오늘날의 자본주의 자체가 아니라 오늘날의 자본주의가 취할 수 있는 여러 정책들 가운데 한 형태에 불과하다. 우리는 이 정책과 투쟁할 수 있고 투쟁해야 한다. 즉 제

183 1860년대 불충분한 농노개혁안에 대한 분노로부터 러시아 지식인들 사이에 일어나 1880년대까지 활발하게 전개되었던 반정부운동이다. 러시아어로 인민을 뜻하는 '나로드'라는 단어에서 유래했으므로 '인민주의'라고 풀이해서 쓰기도 한다. 마르크스주의의 영향을 받았으나 러시아에서는 농민을 기반으로 농민공동체가 직접 사회주의로 이행할 수 있다는 독특한 사상을 발전시켜 1880년대 본격적으로 등장하기 시작한 러시아 마르크스주의자들과 격렬한 논쟁을 벌였다. 1880년대 이후 정부의 탄압과 마르크스주의자들의 도전으로 쇠퇴했으나 20세기 들어 사회혁명당으로 계승되었다.—옮긴이

184 러시아에서 자본주의의 발전 가능성을 부정하는 나로드니키의 한 사람인 크리벤코는 자본주의 발전의 필연성을 주장하는 마르크스주의들을 비판하며 만약 자본주의 발전이 필연적이고 진보적이라면 "농민의 토지를 매점하거나 가게나 선술집을 개업하는 일을 꺼려해서는 안 되며" "듀마에서 수많은 선술집 주인들의 사업 성공을 기뻐하고. 농민의 곡물을 매점한 사람을 더욱 원조하지 않으면 안 된다"고 비아냥거렸다.(레닌, 『인민의 벗들은 누구이며, 그들은 사회민주주의자들과 어떻게 싸우는가』 참조.)—옮긴이

국주의나 합병 등과 투쟁할 수 있고 투쟁해야 한다.

이 반론은 아주 그럴싸해 보이지만, 사실은 제국주의와의 화해를 이야기하는 더욱 교묘하고 더욱 은밀한(따라서 더욱 위험한) 설교에 불과하다. 왜냐하면 트러스트 및 은행의 경제적 토대를 건드리지 않는 트러스트 및 은행의 정책과의 '투쟁'은 부르주아 개량주의와 평화주의로, 선량하고 순진한 희망들의 표현으로 귀결될 뿐이기 때문이다. 현존하는 모순들을 철저하게 폭로하는 대신 회피하고, 그 모순들 중에서 가장 중요한 것들을 잊어버리는 것—이것이 바로 마르크스주의와 아무 공통점이 없는 카우츠키의 이론이다. 그리고 이런 '이론'이 쿠노 부류들과 뭉쳐 있어야 한다는 생각을 옹호하는 역할을 하고 있을 뿐이라는 것은 분명한 사실이다!!!

카우츠키는 "순수하게 경제적인 관점에서 보면 자본주의가 또 하나의 새로운 단계로 진입하는 것이 불가능하지 않다. 카르텔 정책이 대외정책으로 확장되는 초제국주의 단계로 말이다"[185]라고 쓰고 있다. 이는 곧 제국주의를 초월한, 제국주의 국가들이 자기들끼리 싸우지 않고 전세계적으로 단합하는 단계, 자본주의 아래에서 전쟁이 종식되는 단계, "국제적으로 연합한 금융자본이 세계를 공동으로 착취"[186]하는 단계다.

185 레닌 주《노이에 차이트》, 1914년 9월 11일, 2호(32권), 921쪽; 1915년, 2호, 107쪽 이하를 참조하라.
186 레닌 주《노이에 차이트》, 1915년 4월 30일, 1호, 144쪽.

이 '초제국주의 이론'이 마르크스주의와 얼마나 결정적으로, 돌이킬 수 없이 단절하고 있는지 상세하게 보여주기 위해서 우리는 그것을 나중에 천천히 다뤄야 할 것이다. 여기서는 이 책의 전체 계획에 따라 이 문제에 관련된 정확한 경제수치에 주의를 돌릴 필요가 있다. "순수하게 경제적인 관점"에서 "초제국주의"는 가능한 것일까, 초허튼 소리에 불과한 것일까?

만일 순수하게 경제적인 관점이라는 것을 "순수"한 추상으로 이해한다면, 말할 수 있는 것이라고는 이런 명제밖에 없을 것이다. 독점으로 발전이 진행되고 있으며, 따라서 전세계적 독점, 단일한 전세계적 트러스트로 발전이 진행되고 있다. 이 명제는 이론의 여지가 없는 사실이다. 하지만 그것은 식량을 실험실 내에서 생산하는 방향으로 '발전이 진행되고 있다'는 말과 마찬가지로 아무 내용이 없는 말이다. 이런 의미에서 초제국주의 '이론'은 '초농업 이론'만큼이나 엉터리다.

만일 20세기 초에 들어맞는 역사적으로 구체적인 시대로서 금융자본의 시대의 "순수하게 경제적인" 사정에 대해서 말한다면, "초제국주의"라는 죽은 추상(현존하는 모순들의 심각성으로부터 사람들의 주의를 다른 데로 돌리려는 지극히 반동적인 목적에 기여하는 것)에 대한 가장 좋은 대답은 현대 세계 경제의 구체적인 경제 현실을 그것에 대치시키는 것이다. 초제국주의에 대한 카우츠키의 무의미하기 짝이 없는 잡담은, 특히 금융자본의 지배는 실제로는 세계 경제 내부의 불균등성과 모순을 심화시키고 있는 것인데도 그것들을 **약화시킬** 수 있을까라는 근본으로부터 잘못된, 그리고 제국주의의 옹호자들에게 힘을 실어주는 사상을 고취하고 있다.[187]

R. 칼버(Calwer)[188]는 소책자 『세계경제입문*Einführung in die Weltwirtschaft*』[189]에서 19세기와 20세기의 경계 무렵에서 세계 경제 내부의 상호관계에 대한 구체적인 관념을 제공할 수 있는, 가장 주요한 경제수치를 총괄하려고 시도했다. 그는 전세계를 다음과 같은 다섯 개의 '주요 경제권'으로 나누고 있다. (1) 중앙유럽권(러시아와 영국을 제외한 전유럽), (2) 영국권, (3) 러시아권, (4) 동아시아권, (5) 아메리카권. 식민지는 그것이 속한 국가의 '권역'에 포함시키고 있지만, 어느 권역에도 속하지 않는 소수의 나라, 예를 들면 아시아의 페르시아·아프가니스탄·아라비아, 아프리카의 모로코·아비시니아 등은 '제외되어 있다.'

이들 지역에 대해 그가 제시한 경제수치를 간략하게 살펴보자.

---

187 레닌은 『제국주의에 대한 노트』에서 《노이에 차이트》 1914년(제 32년차 통합본), 2권 제 21호에 실린 카우츠키의 논문 『제국주의』를 자세하게 비판하며, 그것을 "새로운 프루동주의" 또는 "현대적 프루동주의"라고 특징 지었다.—옮긴이

188 리카르트 칼버(1868~1927년)는 독일의 언론인·경제학자·사회민주당 정치인이다. 국회의원을 지냈으며 당대에는 유명한 수정주의 이론가였다.—옮긴이

189 레닌주 R. 칼버, 『세계경제입문』, 베를린, 1906년.

세계 주요 경제권	면적 100만 평방킬로미터	인구 100만 명	운송수단		무역 수출입 합계 (억 마르크)	공업		
			철도 (천 킬로미터)	상선 (100만 톤)		석탄 채굴량 (100만 톤)	선철 생산량 (100만 톤)	면방적 업의 방 추 수 (100만 개)
(1) 중앙유럽권	27.6 *(23.6)	388 (146)	204	8	410	251	15	26
(2) 영국권	28.9 *(28.6)	398 (355)	140	11	250	249	9	51
(3) 러시아권	22	131	63	1	30	16	3	7
(4) 동아시아권	12	389	8	1	20	8	0.02	2
(5) 아메리카권	30	148	379	6	140	245	14	19

*괄호 안 숫자는 식민지의 면적과 인구다.

　자본주의가 고도로 발전한(교통·무역·공업이 매우 발달한) 세 권역, 즉 중앙유럽권, 영국권, 아메리카권을 보자. 이 권역들에는 세계를 지배하고 있는 세 나라, 독일, 영국, 미국이 있다. 이 나라들 사이의 제국주의적인 경쟁과 투쟁은 독일이 가진 권역이 보잘것없고 식민지도 얼마 되지 않기 때문에 더욱 격렬해지고 있다. '중앙유럽'이 완성되는 것은 미래의 일이며, 그것은 필사적인 투쟁 속에서 탄생할 것이다. 당분간 전유럽의 특징은 정치적 분열 상태다. 그에 비해 영국권과 아메리카권에서는 정치적 집중이 매우 많이 진전되었지만, 광대한 식민지를 갖고 있는 영국과 별 볼 일 없는 식민지밖에 갖고 있지 못한 미국 사이에 커다란 불균형이 있다. 그런가 하면 식민지들에서의 자본주의 발전은 이제 막 시작됐을 뿐이다. 이런 상황에서 남아메리카를 차지하기 위한 투쟁은 점점 더 격화되고 있다.

다른 두 개의 권역은 자본주의 발전이 미약한 지역으로 러시아권과 동아시아권이다. 러시아권의 인구밀도는 매우 낮고, 동아시아권은 매우 높다. 앞의 지역은 정치적 집중도가 높지만, 뒤의 지역은 낮다. 중국의 분할은 이제 겨우 시작됐을 뿐이며, 중국을 둘러싼 일본, 미국 등의 투쟁은 점점 더 격화되고 있다.

이러한 현실, 곧 경제적·정치적 조건들이 이처럼 굉장히 다양하고, 가지각색의 국가들이 성장 속도 등에서 극히 불균형하며, 제국주의 국가들 사이에 격렬한 투쟁이 벌어지고 있는 이러한 현실을 '평화로운' 초제국주의라는 카우츠키의 어리석은 이야기와 대비해보라. 이는 겁먹은 소시민이 무서운 현실에서 몸을 숨기려는 반동적인 시도가 아닐까? 카우츠키에게는 '초제국주의'의 맹아로 생각되는(실험실에서 제조된 알약을 초농업의 맹아라고 선언 '할 수' 있는 것과 마찬가지로) 국제 카르텔은 세계의 분할하고 재분할하는 실제 사례, 즉 평화로운 분할에서 평화롭지 않은 분할로 이행하거나 그 반대로 이행하는 실례를 우리에게 보여주는 것이 아닐까? 예를 들어 국제 철도 신디케이트와 국제 해운 트러스트에 독일이 참여할 경우, 세계를 평화롭게 분할하고 있었던 아메리카 등지의 금융자본은 변화하고 있는 새로운 세력관계에 근거해서 전혀 평화롭지 않은 방법으로 당장 세계를 재분할하지 않겠는가?

금융자본과 트러스트는 세계 경제의 다양한 부분들 사이에 나타나는 성장 속도의 차이를 좁히는 것이 아니라 오히려 넓히고 있다. 그런데 세력관계가 변화하는 경우, 자본주의 시대에 힘이 아니면 무엇으로 모순의 해결이 가능할 것인가? 우리는 세계 경제 전체에서 자본주의와 금융자본의 성장 속도의 차이에 관한 매우 정확한 수치를 철도 통계에서 찾아낼 수 있다.[190] 제국주의가 발전한 최근 수십 년 사이에 철도의 길이는 아래와 같이 변화했다.

| 철도 |

단위 : 천 킬로미터

	1890년	1913년	증가량
유럽	224	346	+ 122
미국	268	411	+ 143
모든 식민지	82 ⎫	210 ⎫	+ 128 ⎫
아시아와 아프리카의 독립국과 반독립국	43 ⎭ 125	137 ⎭ 347	+ 94 ⎭ + 222
합계	617	1,104	

190 레닌 주 『독일제국 통계연감 *Statistisches Jahrbuch für das Deutsche Reich*』, 1915년; 『철도사업기록 *Archiv für Eisenbahnwesen*』, 1892년. 1890년의 경우, 각국 식민지들의 철도 분포에 대한 상세한 부분은 대략 추산하는 수밖에 없었다.

따라서 철도의 발전은 아시아와 아메리카의 식민지와 독립국(및 반독립국)에서 가장 빠르게 진행되었던 것이다. 모두들 알다시피 네다섯 개의 가장 큰 자본주의 국가들의 금융자본이 이 지역에서 전면적으로 군림하고 지배하고 있다. 식민지와 아시아, 아메리카 등지의 나라들에서 20만 킬로미터의 새로운 철도, 그것은 400억 마르크 이상의 새로운 자본의 투입이 특별히 유리한 조건으로 이루어지고, 수익이 특별히 보장되고, 제강공장에 이익이 많은 주문이 들어가는 등의 일을 의미한다.

자본주의가 가장 빠르게 성장하고 있는 곳은 식민지들과 대양 너머의 여러 나라들이다. 그 나라들 중에서 **새로운** 제국주의 열강들(예를 들면 일본)이 등장하고 있다. 세계 제국주의의 투쟁이 격렬해지고 있다. 금융자본이 식민지들과 대양 너머의 특히 수익성이 높은 기업들로부터 획득하는 공물은 늘어나고 있다. 이 '노획물'의 분배에서 극히 큰 부분이 생산력 발전 속도에서 항상 선두에 있지는 못한 나라들의 수중으로 떨어지고 있다. 가장 큰 강대국들의 철도 길이는 식민지까지 포함했을 때 다음과 같다.

	1890년	1913년	증가
미국	268	413	145
대영제국	107	208	101
러시아	32	78	46
독일	43	68	25
프랑스	41	63	22
5대 강국 합계	491	830	339

이처럼 전체 철도 길이의 약 80퍼센트가 최대 열강 다섯 나라에 집중되어 있다. 그러나 이 철도들에서 소유의 집중, 금융자본의 집중은 훨씬 더 엄청나게 두드러진다. 왜냐하면 영국과 프랑스의 이른바 백만장자들이 아메리카, 러시아 및 다른 나라 철도들의 주식과 회사채 들을 굉장히 많이 소유하고 있기 때문이다.

영국은 식민지 덕분에 '그것의' 철도망을 십만 킬로미터나 늘릴 수 있었는데, 이는 독일의 증가량의 네 배에 이르는 것이었다. 하지만 잘 알려져 있다시피 이 시기에 독일의 생산력은, 특히 석탄산업과 철강산업에 있어서 프랑스와 러시아는 말할 것도 없고 영국에 대해서도 비교할 수 없을 정도로 빠르게 발전했다. 1892년 영국의 선철 생산량이 680만 톤인 데 비해 독일은 490만 톤에 불과했지만, 1912년에는 이미 영국의 900만 톤에 대해 1,760만 톤을 생산하여 영국보다 압도적인 우위에 섰다![9] 묻건대, 자본주의라는 토대 위에서 한쪽의 생산력 발전 및 자본 축적과, 다른 쪽의 금융자본을 위한 식민지 및 '세력권'의 분할 사이에 존재하는 불균형을 없애는 데 있어서 전쟁 외의 다른 어떤 수단이 있을 수 있겠는가?

191 레닌 주 또한 에드거 크래몬드(Edgar Crammond), 「영국제국과 독일제국의 경제적 관계The Economic Relations of the British and German Empires」, 《왕립통계협회잡지Journal of the Royal Statistical Society》, 1914년 7월호, 777쪽 이하를 참조하라.

8장
자본주의의 기생성과 부패

이제 제국주의의 또 하나의 매우 중요한 측면을 살펴볼 텐데, 이것은 지금까지 대부분의 논의들에서 별로 중요하게 다뤄지지 않았던 부분이다. 마르크스주의자 힐퍼딩의 결점 가운데 하나가 이 점에서 마르크스주의자가 아닌 홉슨보다 한 걸음 뒤처졌다는 것이다. 그 측면은 바로 제국주의의 특성인 기생성이다.

우리가 앞에서 본 것처럼 제국주의의 가장 근본적인 경제적 토대는 독점이다. 이것은 자본주의적 독점인즉, 다시 말해 자본주의로부터 자라나와 자본주의의 일반적 환경인 상품생산과 경쟁 속에 존재하며, 이 일반적인 환경과 영원히 해결되지 않는 모순관계에 있는 독점이다. 하지만 그럼에도 불구하고 이는 다른 모든 독점과 마찬가지로 필연적으로 정체되고 부패하는 경향을 낳는다. 가령 잠시 동안이라도 독점가격이 설정되면 기술의 진보를 비롯해 모든 진보, 발전 운동을 자극하는 동기들은 어느 정도 사라지며, 더 나아가서는 기술의 진보를 의도적으로 지연시킬 수도 있는 **경제적** 가능성까지 나타난다. 그런 예로, 미국에서 오웬스(Owens)[192]라는 사람이 병 제조 기계를 발명했던 사건을 들 수 있다. 그 기계는 병 생산에 혁명을 불러올 수 있을 만큼 획기적인 것이었으나, 독일의 병 제조업체 카르텔은 오웬스의 특허를 사서 묵히며, 그 기계가 상용화되는 것을 막았다. 물론 자본주의에서, 독점이 경쟁을 세계 시장에서 완전히, 아주 오랫동안 제거하는 것은 불가능하다(덧붙여 말하자면 초제국주의 이론이 엉터리인 이유 중 하나가 바로 여기에 있다). 기술개선의 도입을 통해 생산비를 낮추고 이윤을 높일 수 있기 때문에, 변화를 추구하게 되는 것이다. 하지만 독점의 고유한 특성인 정체되고 부패하는 **경향**은 계속 작용하며, 개별 산업분야나 개별 국가들에서 일정 시기 동안 우위를 점한다.

특히 광대하고 풍요롭거나, 입지가 좋은 식민지들에 대한 독점적인 보유도 이와 같은 방향으로 움직이고 있다.

게다가 제국주의란 몇몇 나라들에 화폐자본이 대량으로 축적되는 것이고, 그 금액은 우리가 본 바와 같이 유가증권으로 천억~1,500억에 달한다. 그 결과 금리생활자, 즉, '이자놀이'로 생활하는 사람들, 어떠한 기업에도 전혀 참가하지 않는 사

---

192 유리병 자동제조 기계를 발명한 미국의 사업가 마이클 조셉 오웬스 (1859~1923년)를 말한다. 그가 1903년에 세운 오웬스병제조기계회사는 1919년 오웬스병제조회사로 이름을 바꾸었고, 1929년 일리노이유리회사와 합병하여 오웬스-일리노이유리회사가 되었다. 오웬스-일리노이는 현재도 세계적인 유리용기 제조업체로 남아 있다. 그가 발명한 기계는 당시 노동력 비용을 80퍼센트나 절감했다고 한다.—옮긴이

람들, 빈둥대는 것을 직업으로 삼는 사람들의 계급, 보다 정확히 말하면 그런 계층이 이례적으로 성장하게 된다. 제국주의의 가장 본질적인 경제적 기초 중 하나인 자본수출은 금리생활자층의 생산으로부터의 이 완전한 단절을 한층 더 강화시키고, 몇몇 해외 나라들과 식민지의 노동을 착취하는 것에 의해서 생활하는 나라 전체에 기생성이라는 각인을 새긴다.

홉슨은 이렇게 썼다. "1893년에 영국이 해외에 투자한 자본은 영국 본토의 전체 부의 약 15퍼센트에 해당한다."[193] 1915년에 이르러 이 자본이 약 두 배 반으로 증대했다는 것을 상기하라. 홉슨은 다시 말하고 있다. "납세자에게는 값비싼 희생을 치르게 하는 반면, 제조업자와 무역업자에게는 별로 대단치도 않은 가치를 주는 침략적 제국주의는 …… 자기 자본을 투자할 곳을 찾는 자본가들〔영어로 이 개념은 인베스터, 즉 투자가, 금리생활자라는 한 단어로 표현된다)에게는 커다란 이익의 원천이된다. …… 영국이 외국 및 식민지 전체와의 교역 곧 수출입 무역으로부터 얻는 연간 수수료 소득은 기펜(Giffen) 경[194]에 의하면 1899년의 경우에 총 무역 거래액 8억 파운드의 2.5퍼센트인 1,800만 파운드(약 1억 7천만 루블)로 추산되고 있다." 하지만 이 금액이 아무리 크다고 하더라도 그것은 영국의 침략적 제국주의를

193 레닌 주 홉슨, 앞의 책, 59쪽과 62쪽.
194 기펜의 역설로 유명한 스코틀랜드의 통계학자이자 경제학자인 로버트
 기펜(1837~1910년)을 가리킨다.―옮긴이

설명해줄 수 없다. 그것을 설명하는 것은 9천만에서 1억 파운드의 소득, '투자된' 자본에서 나오는 소득, 금리소득자의 소득이다.

세계 최고의 '상업' 국가에서 금리생활자의 소득이 외국무역에서 얻는 소득의 다섯 배에 이른다! 여기에 제국주의와 제국주의적 기생성의 본질이 있다.

그래서 금리생활자국가(Rentnerstaat) 또는 고리대국가라는 개념이 제국주의에 대한 경제학 문헌들에서 널리 사용되게 되었다. 세계는 한 줌밖에 안 되는 고리대국가들과 압도적으로 많은 수의 채무자 국가들로 나뉘었다. 슐체-개베르니츠는 이렇게 쓰고 있다. "해외투자에서 우선순위는 정치적으로 종속되어 있거나 동맹관계에 있는 나라들에 주어진다. 영국은 이집트, 일본, 중국, 남아메리카에 돈을 빌려준다. 그 나라 함대는 여기서 비상 시 집달리 역할을 한다. 정치적 힘은 채무자의 반란에서 영국을 보호한다."[195] 자르토리우스 폰 발터스하우젠(Sartorius von Waltershausen)[196]은 『해외투자의 국민경제 체계 *Das Volkswirtschaftliche System*』라는 저작에서 네덜란드를 "금리생활 국가"의 표본으로 제시하고 지금은 영국과 프랑스도 그렇게 되고 있다고 지적한다.[197] 쉴더는 영국, 프랑스, 독일, 벨기

---

195 레닌 주 슐체-개베르니츠, 『20세기 초 영국 제국주의와 영국 자유무역』, 320쪽 이하.

196 아우구스트 자토리우스 폰 발터스하우젠(1852~1938년)은 독일 경제학자로 취리히와 슈트라스부르크 대학교에서 경제학 교수로 일했다.—옮긴이

에, 스위스 등 다섯 개 공업 국가들은 "명확한 채권국"이라고 생각한다. 네덜란드를 여기 포함시키지 않은 것은 단지 이 나라가 "공업적으로 덜 발전"[198]했기 때문이다. 미국은 아메리카대륙에 대해서만 채권국이다.

슐체-개베르니츠는 이렇게 쓰고 있다. "영국은 점차 공업국에서 채권국으로 바뀌고 있다. 공업 생산 및 공산품 수출의 절대적인 증가에도 불구하고, 국민경제 전체에서 이자, 배당금, 증권발행, 중개수수료, 투기에서 나오는 소득이 차지하는 상대적인 중요성이 증대하고 있다. 내 생각으로는 이러한 사실이야말로 제국주의적 호황의 경제적 토대다. 채권자와 채무자의 유착관계는 구매자와 판매자의 관계보다 더 오래 지속된다."[199] 독일에 대해서는 베를린의 잡지 《디 방크》의 발행인인 A. 란스부르크가 1911년 「금리생활국가 독일Germany—a Rentier State」이란 기사에서 이렇게 썼다. "독일 사람들은 프랑스인들에게 나타나는 금리생활자화 경향을 곧잘 비웃지만, 이때 잊고 있는 것은 중간계급에 관한 한 독일의 상황도 프랑스와 갈수록 비슷해지고 있다는 점이다."[200]

---

197 레닌 주 자토리우스 폰 발터스하우젠, 『해외투자의 국민경제 체계』, 베를린, 1907년, 4권.

198 레닌 주 쉴더, 앞의 책, 393쪽.

199 레닌 주 슐체-개베르니츠, 앞의 책, 122쪽.

200 레닌 주 《디 방크》, 1911년, 1호, 10~1쪽.

금리생활자 국가는 부패하고 있는 기생적인 자본주의 국가다. 그리고 이런 사정은 일반적으로 그 나라의 전체 사회·정치 정세에, 또 특히 노동운동 내의 두 가지 기본 경향에 반영되지 않을 수 없다. 그것을 가능한 한 명확히 보여주기 위해서 증인으로 누구보다도 '신뢰할 수 있는' 홉슨에게 말하도록 해보자. 이는 홉슨이 '마르크스주의 정통'을 선호한다는 혐의를 누구에게도 받지 않고 있으며, 다른 한편으로는 그가 영국인이라 식민지와 금융자본, 제국주의에 대한 경험이 가장 풍부한 이 나라의 사정을 잘 알고 있기 때문이다.

홉슨은 보어 전쟁의 생생한 인상을 기초로 하여 제국주의와 '금융업자'의 이해의 유착, 청부와 납입 등으로부터의 그들의 이윤의 증대를 서술하면서 이렇게 썼다. "이처럼 명백한 기생적 정책을 지휘하고 있는 자들은 자본가들이지만, 한편에서는 그와 똑같은 동기가 특수한 노동자 층에서도 작용되고 있다. 여러 도시들에서 보면 가장 중요한 산업은 정부의 고용이나 하청에 의존하고 있다. 금속공업이나 조선공업의 중심지에서 제국주의가 추진되고 있는 것은 이 같은 사실에 기인하는 바가 적지 않다." 이 저서의 견해에 따르면, 다음의 두 가지 상황이 오래된 제국의 힘을 약화시켰다. (1) "경제적인 기생성"과 (2) 종속민족들로 이루어진 군대 편성이다. "첫째로 경제적 기생의 습관이 있는데, 지배 국가는 이것에 의해 자국의 지배계급을 부유하게 만드는 한편, 하층계급을 매수하여 순종시키기 위해서 그 영토, 식민지 및 속령을 이용해왔다." 내가 여기에 덧붙이고자 하는 것은, 어떤 형태로든 그런 매수가 경제적으로 가능하려면 높은 독점이윤이 필요하다는 것이다.

두 번째 상황에 대해서 홉슨은 이렇게 쓰고 있다. "제국주의의 맹목성을 나타내는 가장 이상한 징후 중의 하나는 영국, 프랑스, 그리고 기타 제국주의 국가들이 거리낌 없는 무관심 속에서 이 같은 위험한 의존 정책에 착수했다는 점이다. 여기서는 영국이 가장 앞서가고 있다. 우리가 인도제국을 얻기 위해 싸웠던 대부분의 전투는 원주민들에 의해 치러진 것이다. 인도의 경우 대규모의 상비군은 훗날의 이집트에서처럼 영국인 지휘관들의 지휘 아래 있었다. 우리가 아프리카 영토와 관련하여 벌였던 전투는 그 남부 지방을 제외하고는 모두가 우리를 위해 원주민들이 치러낸 것이다."

중국 분할의 전망은 홉슨에게 다음과 같은 경제적 평가를 내리게 한다. "그때[201]에는 서유럽의 보다 많은 부분이, 남부잉글랜드의 시골 지역, 리비에라, 이탈리아와 스위스의 관광 지역이나 저택 지역이 이미 보인 바 있는 외양이나 성격을 띠게 될 것이다. 즉 극동으로부터 배당금이나 연금을 빼내오는 부유한 귀족의 소집단과, 이보다는 약간 큰 집단으로서 그에 따르는 전문직의 종자와 상인, 그리고 운송업 및 보다 소모되기

---

201 중국의 분할이 완료되는 때를 의미한다.—옮긴이

쉬운 상품생산의 최종 단계에 종사하는 개인적인 하인과 노동자의 대집단이 그것이다. 주요한 기간산업은 모조리 사라지고 주요 식량과 공업제품은 아시아와 아프리카로부터 공물로 유입될 것이다." "우리는, 서구 여러 국가들의 보다 큰 동맹, 세계문명의 대의를 촉진하기는커녕 서양의 기생주의라는 거대한 위험을 불러들일 수도 있는 유럽열강의 연방화, 그 상층계급은 아시아와 아프리카로부터 막대한 공물을 끌어들여 그것을 가지고 길들여진 가신들의 대군—이 가신들은 더 이상 농업이나 제조업 같은 주요 산업에 종사하지 않고 새로운 금융귀족정치의 지배 아래서 계속 개인적인 직무나 사소한 산업상의 직무를 수행한다—을 부양하는 일군의 선진공업국까지가 생겨날 가능성을 이제까지 예견해보았다. 고려의 가치도 없는 이론"(전망이라고 해야 할 것이다)"을 탐색하려 드는 사람들로 하여금, 오늘날 이미 이 상태에 떨어져 있는 남부잉글랜드 여러 지역의 경제적·사회적 상태를 검토하게 하자. 또 그들로 하여금 금융업자·투자가 및 정계와 실업계 중진으로 이루어지는 비슷한 집단의 경제적 지배에 중국을 종속시킴으로써 그런 제도의 거창한 확장이 실현될 수도 있다는 데 대해 곰곰이 생각하게 하자. 그 집단은 유럽에서 소비하기 위해, 세계사상 최대인 잠재적 이윤의 저수지에서 이윤을 빨아내려고 하고 있다. 상황이 너무나 복잡하고 세계 세력의 움직임을 예측하기가 너무나 어렵기 때문에 미래에 대한 이런 해석이나 다른 어떤 단 하나의 해석도 그다지 개연성이 있다고는 할 수 없으나, 오늘날 서유럽의 제국주의를 지배하는 세력은 이 방향으로 움직이고 있으며, 거기에 대처하거나 그것을 전환시키지 않는 한 그것은 대략 이러한 결말을 향해 나갈 것이다."[202]

저자는 전적으로 옳다. 만일 제국주의 세력들이 저항에 부딪히지 않는다면 틀림없이 그러한 상황으로 이끌려갈 것이다. 현재의 제국주의적인 정세에서 '유럽합중국'[203]의 의미가 여기서 올바르게 평가되고 있다. 다만 노동운동 내에서도 대다수의 나라들에서 지금 일시적으로 승리를 거두고 있는 기회주의자들이 바로 이 방향으로 체계적이고 부단하게 '활동하고 있다'는 점을 덧붙여두어야 할 것이다. 제국주의란 세계 분할과 단지 중국에 대해서만은 아닌 착취를 의미하고, 한 줌밖에 안

---

202 레닌주 홉슨, 앞의 책, 103 · 144 · 205 · 335 · 386쪽.

203 유럽합중국 슬로건은 전쟁의 기운이 임박해오던 시기에 사회민주주의자들 일부에 의해 대안으로 제출된 슬로건이다. 카우츠키, 레닌, 트로츠키 모두 초기에 유럽합중국이 필요하다고 주장했다. 트로츠키는 이후에도 계속 사회주의 유럽합중국과 평화 강령을 주장했지만, 레닌은 입장을 바꾸어 1915년 8월 「유럽합중국 슬로건에 대하여」라는 글을 통해 현재의 자본주의, 즉 제국주의하에서의 유럽합중국이란 식민지 억압의 강화와, 미국과 일본처럼 빠르게 발전하고 있는 비유럽 국가들의 약탈을 위한 유럽 열강들의 일시적 연합을 의미하는 반동적인 것이며, 반면 사회주의적인 유럽합중국은 세계가 하나로 연결된 제국주의 시대에는 협소한 것이라며 비판했다. 이후 레닌은 제국주의 분석에 입각하여 유럽합중국이 아니라 전쟁을 내전, 즉 혁명으로 전화시켜야 한다는 입장을 제기했다.─옮긴이

되는 가장 부유한 나라들을 위한 높은 독점이윤을 의미하며, 프롤레타리아트의 상층부를 매수할 수 있는 경제적 가능성을 창출하여, 그로부터 기회주의자를 키우고 형성시키고 강화시킨다. 단지 제국주의 일반에, 특히 기회주의에 대항하고 있는 세력들을 잊어서는 안 될 것인데, 사회자유주의자 홉슨의 눈에는 이들이 보이지 않는 게 당연하다.

과거에는 제국주의를 옹호한다는 이유로 당에서 제명됐지만, 지금이라면 독일의 이른바 '사회민주'당의 수령이 될 수도 있을 법한 독일의 기회주의자 게르하르트 힐데브란트(Gerhard Hildebrand)[204]는 홉슨을 훌륭하게 보완하여, 아프리카 흑인들에 대항하기 위한, '대이슬람 운동'에 대항하기 위한, '강력한 육해군'을 유지하기 위한, '중국과 일본의 연합'에 대항하기 위한…… '공동' 행동을 목적으로 하는 (러시아를 제외한) 서유럽 합중국을 건설하자고 주장하고 있다.[205]

슐체-개베르니츠의 책에 나오는 '영국 제국주의'에 대한 서

204 게르하르트 힐데브란트(1877~?년)는 독일 사회민주당의 수정주의자로, 자신의 책 『산업지배와 산업 사회주의의 동요』에서 제국주의 식민지 정책을 공공연하게 지지하여, 1912년 9월 16일 독일 사회민주당 켐니츠 대회에서 당 강령의 기본 원칙을 위반했다는 이유로 제소되었다. 베른슈타인과 볼프강 하이네 같은 주요 수정주의자들의 변호에도 불구하고 대회에 참여한 다수는 힐데브란트의 제명에 찬성했다.—옮긴이

205 레닌 주 게르하르트 힐데브란트, 『산업지배와 산업 사회주의의 동요*Die Erschütterung der Industrieherrschaft und des Industriesozialismus*』, 1910년, 229쪽 이하.

술도 우리에게 그와 같은 기생성의 특징을 보여준다. 영국의 국민소득은 1865년과 98년 사이에 거의 두 배가 됐는데, 같은 시기에 '해외로부터' 얻는 소득은 아홉 배로 뛰었다. 제국주의의 "업적"이 "니그로에게 근면의 습관을 가르친 것"(강제성 없이 이루어진 것은 아니다)이라면, 제국주의의 "위험"은 "유럽이 고된 육체노동을―처음에는 농업노동과 광산노동을, 다음에는 보다 거친 공업노동을―피부가 검은 인종의 어깨에 떠넘기고 자신은 금리생활자의 역할을 받아들임으로써 그로 인해 아마도 피부가 붉은 인종과 검은 인종이 경제적 해방과 그에 이은 정치적 해방을 준비하게 되리라는 것"[206]이다.

영국에서는 경작에 이용되지 않고 부자들의 스포츠와 오락에 사용되는 토지가 점점 더 늘어나고 있다. 사냥 및 여타 유흥을 위한 가장 귀족적인 장소인 스코틀랜드는 "그곳의 과거와 카네기 씨(미국의 억만장자)가 그곳을 먹여 살린다"고 회자되고 있다. 영국은 매년 경마와 여우사냥에 1,400만 파운드(약 1억 3천만 루블)를 소비한다. 영국의 금리생활자는 거의 100만 명에 이른다. 반대로 생산에 고용된 인구의 비율은 계속 하락하고 있다.

---

206 독일어 원문에서 "유색(farbig)"이라는 단어를 사용한 부분들을 레닌은 "니그로", "피부가 검은", "피부가 붉은" 등의 말로 번역했다.―옮긴이

	잉글랜드와 웨일즈 인구	주요 산업부문 종사 노동자	총인구에 대한 비율
1851년	17.9	4.1	23%
1901년	32.5	4.9	15%

한편 '20세기 초 영국 제국주의'를 연구한 이 부르주아 학
자는 영국의 노동자계급에 대해 이야기할 때 노동자의 '상층'
과 '진짜 프롤레타리아 하층'을 체계적으로 구분해야 했다. 이
노동자 상층은 대부분 협동조합과 노동조합, 스포츠단체와 수
많은 종교단체의 구성원들이다. 선거권이 허용되는 것은 이 층
까지이며, 영국에서 선거권은 '여전히 진짜 프롤레타리아 하층
을 배제할 수 있을 만큼 충분히 제한돼 있다!!' 영국 노동자계급
의 상태를 미화하기 위해 사람들은 보통 프롤레타리아트의 소
수를 이루고 있을 뿐인 이 상층에 대해서만 이야기하고 있다.
예를 들어보자. "실업 문제는 주로 런던의 문제이거나 정치인들
이 거의 신경을 쓰지 않는[207] 프롤레타리아트 하층의 문제일 뿐이
다……."[208] 여기에서 이 저자는 이렇게 말했어야 한다. 부르주
아 정치인들과 마찬가지로 '사회주의'의 기회주의자들도 이 층

---

207 레닌이 "정치인들이 거의 신경을 쓰지 않는"이라고 번역한 부분의 독일
　어 원문은 "정치적으로 별로 중요하지 않은"이다.―옮긴이

208 레닌 주 슐체-개베르니츠, 『20세기 초 영국 제국주의와 영국 자유무역』,
　301쪽.

을 거의 고려하지 않는다고.

지금 서술하고 있는 일련의 현상들과 관련한 제국주의의 특징들 가운데 하나는 여러 제국주의 국가들로부터 떠나는 이민은 줄어들고, 임금이 낮고 뒤처진 나라들로부터 그 나라들로 들어가는 이주민(노동자의 유입과 일반 주민의 이주)은 증가하고 있다는 점이다. 영국에서 떠나는 이민은 홉슨이 지적하고 있는 것처럼 1884년 이래 감소하고 있다. 1884년에 24만 2천 명이었던 외국으로의 이민자는 1900년에는 16만 9천 명이었다. 독일을 떠나는 이민자들은 1881~90년의 10년간 가장 많은 145만 3천 명에 달했지만, 그후 20년 동안은 각 10년간 54만 4천 명과 34만 천 명으로 줄어들었다. 대신 오스트리아, 이탈리아, 러시아 등에서 독일로 들어간 노동자의 수가 증가했다. 1907년의 인구조사에 따르면, 독일에는 134만 2,294명의 외국인이 있었는데, 그 중 공업노동자는 44만 800명, 농업노동자는 25만 7,329명 있었다.[209] 프랑스에서는 광업노동자들이 '대부분' 폴란드인, 이탈리아 인, 스페인인[210] 등의 외국인이었다. 미국에서는 동유럽과 남유럽에서 온 이주민들이 가장 임금이 낮은 직업을 갖고 있었고, 감독으로 승진한 사람과 가장 보수가 좋은 일을 하고 있는 사람들 가운데에서는 미국인

209 레닌 주 『독일제국통계Statistik des Deutschen Reichs』, 211권.
210 레닌 주 헹거(Henger), 『프랑스의 자본 투자Die Kapitalsanlage der Franzosen』, 슈투트가르트, 1913년.

노동자들이 가장 높은 비율을 차지하고 있었다.[211] 제국주의는 노동자의 사이에도 특권을 가진 부류를 분리해서 그들을 프롤레타리아트의 광범위한 대중으로부터 갈라놓는 경향을 가지고 있다.

노동자를 분열시키고, 그들 가운데 기회주의를 강화시키며, 노동운동을 일시적으로 부패시킨다는 제국주의의 경향은 영국에서는 19세기 말에서 20세기 초 무렵보다 훨씬 전에 나타났다는 사실을 특별히 지적해둘 필요가 있다. 그렇게 된 것은 제국주의의 두 가지 큰 특징이 영국에서는 19세기 중반 경부터 존재하고 있었기 때문이다. 그 특징이란 광대한 식민지 영토와 세계 시장에서의 독점적인 지위다. 마르크스와 엥겔스는 노동운동에서 기회주의와 영국 자본주의의 제국주의적 특질이 가진 이러한 관련성을 수십 년에 걸쳐 체계적으로 연구했다. 예를 들면 엥겔스는 1858년 10월 7일 마르크스에게 이렇게 썼다. "영국의 프롤레타리아트는 사실상 갈수록 부르주아화하고 있으며, 그 결과 모든 국민들 가운데 가장 부르주아적인 이 국민은 결국에는 부르주아와 함께 부르주아적인 귀족과 부르주아적인 프롤레타리아트를 가지는 데까지 가려고 하는 것처럼 보이네. 전세계를 착취하고 있는 국민에게 있어서 이는 분명히 어느 정도는 당연한 일일걸세." 그로부터 거

---

211 레닌 주 구로비치(Hourwich), 『이민과 노동*Immigration and Labor*』, 뉴욕, 1913년.

의 4반세기가 지난 후인 1881년 8월 11일자의 편지에서 엥겔스는 "부르주아에게 몸을 팔거나, 적어도 그들에게서 돈을 받고 있는 패거리들의 지도를 받아들이고 있는 최악인 영국노동조합"에 관해 이야기하고 있다. 또 카우츠키에게 보낸 1882년 9월 12일자 편지에서 엥겔스는 이렇게 썼다. "당신이 내게 질문한 것은 이렇습니다. 영국의 노동자들은 식민정책을 어떻게 생각하는가? 그런데, 그것은 그들이 정책 일반을 어떻게 생각하는가와 똑같습니다. 여기에는 정말이지 노동자 당이라는 것은 없고 보수당과 자유급진당만 있으며, 노동자들은 영국의 세계 시장 독점과 식민지 독점으로 함께 속편하게 먹고살고 있습니다."[212] (엥겔스는 1892년에 출간된 『영국 노동계급의 상황*The Condition of the Working Class in England*』의 2판 서문에서도 이와 비슷한 내용을 적었다.)

여기에서는 원인과 결과가 명확하게 나타나 있다. 원인은 (1) 이 나라에 의한 전세계의 착취, (2) 세계 시장에서 이 나라의 독점적 지위, (3) 그것의 식민지 독점이다. 결과는 (1) 영국 프롤레타리아트 일부의 부르주아화, (2) 프롤레타리아트의 일부가 부르주아에게 몸을 팔거나 적어도 그들에게서 돈을 받고

---

212 레닌 주 『마르크스-엥겔스 왕복서한집*Briefwechsel von Marx und Engels*』, 2권, 290쪽; 4권, 433쪽; 카를 카우츠키, 『사회주의와 식민정책 *Sozialismus und Kolonialpolitik*』, 베를린, 1907년, 79쪽; 이 소책자는 카우츠키가 마르크스주의자였던 까마득한 옛날에 쓴 것이다.

있는 자들의 지도를 받아들이고 있다는 것이다. 20세기 초의 제국주의는 한 줌밖에 안 되는 나라들에 의한 세계의 분할을 완성했으며, 이제 이 나라들은 각기 1858년의 영국에 버금가는 '전세계'의 조각들을 (초과이윤을 뽑아내고 있다는 의미에서) 착취하고 있다. 각국은 트러스트, 카르텔, 금융자본, 채무자에 대한 채권자의 관계 덕택으로 세계 시장에서 독점적 지위를 차지하고 있다. (이미 본 것처럼, 전세계 식민지 영토 7,500만 평방킬로미터 가운데 6,500만 평방킬로미터, 즉 86퍼센트는 여섯 강대국의 수중에 집중되어 있고, 그 중 6,100만 평방킬로미터, 즉 81퍼센트는 강대국 세 나라의 수중에 집중되어 있다.)

현 정세의 특징은 노동운동의 일반적·근본적인 이익과 기회주의 사이의 적대성이 강화될 수밖에 없는 그러한 경제적·정치적 조건들에 있다. 제국주의는 작은 싹에서 지배적인 체제로 성장했다. 자본주의 독점조직들이 국민경제와 정치의 맨 앞자리를 차지했다. 세계의 분할은 완성되었다. 다른 한편으로 영국의 전일적인 독점 대신, 우리는 그 독점에 참가하려는 소수 제국주의 열강들의 투쟁을 목격하고 있는데, 이야말로 20세기 초엽 전체를 특징짓고 있는 것이다. 이제 기회주의는 19세기 후반기 동안 영국에서 승리한 것과 같이 수십 년 동안이나 한 나라의 노동운동에서 완전한 승자로 나타날 수 없게 되었다. 하지만 그것은 여러 나라들에서 완전히 성숙하고, 무르익고, 썩어버린 나머지, 사회배외주의라는 부르주아 정치와 완

벽하게 융합했다.[213]

213 레닌 주 러시아의 사회배외주의는 포트레소프, 치헨켈리(Chkenkeli), 마
   슬로프 무리 등이 공공연하게 표방한 것이든, 치헤이제(Chkeidze), 스
   코벨레프(Skobelev), 악셀로드(Axelrod), 마르토프(Martov) 등이 은폐
   된 형태로 취한 것이든, 모두 기회주의의 러시아적 변종인 청산주의에서
   자라난 것이다.

   그루지아 출신 멘셰비키인 아카키 치헨켈리(1874~1959년)는 1912년 4
   차 두마의 의원이 된 인물로, 1차 세계대전이 발발하자 플레하노프, 포
   트레소프, 마슬로프 등과 함께 노골적인 애국주의 입장을 취했다. 역
   시 그루지아 출신인 니콜라이 치헤이제(1864~1926년)는 두마에서 멘
   셰비키의 대변자로 활약했으며 2월 혁명이 일어나자 페트로그라드 소
   비에트 의장으로 활동했다. 전쟁 시기에 국수주의 입장을 취하지는 않
   았으나 반전 입장을 취하는 데에도 소극적이었다. 마트베이 스코벨레프
   (1885~1938년)는 4차 두마 의원으로 치헤이제와 함께 멘셰비키 의원
   단을 이끌었다. 2월 혁명 후 임시정부에서 노동부 장관과 전러시아 소비
   에트 집행위원회 부의장을 지냈다. 파벨 악셀로드(1850~1928년)는 플
   레하노프와 함께 노동해방단을 창설한 고참 마르크스주의자로, 1903년
   러시아 사회민주당의 분열 후 줄곧 멘셰비키의 지도적 이론가였다. 1차
   세계대전 시기에 평화주의 입장을 취했다. 율리 마르토프(1873~1923
   년)는 레닌과 함께 이스크라 그룹을 건설했으나 1903년 이후 멘셰비키
   지도자로 활동했다. 악셀로드와 함께 전쟁 기간 중에 반전 입장을 취한
   몇 안 되는 저명한 멘셰비키 지도자였으며, 1915년 스위스 치머발트에
   서 열린 반전 사회주의자들의 대회에도 참여했다. 하지만 평화주의 입
   장을 취하여 볼셰비키의 '전쟁을 내전으로'라는 노선에 반대했다.
   청산주의는 1905년 1차 러시아 혁명이 패배로 돌아가고 반동의 시기가
   도래한 1907년부터 1910년 사이에 멘셰비키 사이에서 광범위하게 퍼졌
   던 경향이다. 비합법 당 구조를 해소하고, 합법적 활동에 전념해야 한다
   고 주장하여 사실상 당의 해산을 주장했다.—옮긴이

9장
제국주의 비판

　우리는 제국주의 비판이라는 것을 그 단어의 넓은 의미에서, 즉 사회의 여러 계급들이 자신들의 일반적인 이데올로기의 연장선상에서 제국주의 정책에 취하는 태도로 이해한다.

　한편에서는 몇몇의 손에 집중된 거대 규모의 금융자본이 대단히 광범위하고 촘촘한 관계 및 유착의 그물망을 펼쳐 중소자본가뿐 아니라 가장 영세한 자본가와 소자영업자 대중 들까지 자신에게 종속시키고 있으며, 다른 한편에서는 세계를 분할하고 다른 나라들을 지배하기 위해 다른 국민국가의 금융자본가 집단들과 벌이는 투쟁이 더욱 격렬해지고 있다. 이 모든 것이 모든 유산계급을 예외 없이 제국주의의 편으로 넘어가게 만든다. 그것의 전망에 대한 '총체적인' 열광, 제국주의에 대한 광기 어린 옹호, 그것에 대한 가능한 모든 미화 등이 바로 이 시대의 상징이다. 제국주의 이데올로기는 노동자계급에게도 스며들고 있다. 중국의 만리장성도 노동자계급을 다른 계급과 떨어뜨려놓지는 못한다. 독일의 이른바 '사회민주주의' 당의 현 지도자들에게 붙여진 '사회제국주의자'란 이름은 너무나도

안성맞춤인데, 다시 말해 그들은 입으로는 사회주의자, 행동
으로는 제국주의자인 것이다. 홉슨은 이미 1902년에, 영국에
는 기회주의적인 '페이비언 협회'[214]에 속한 '페이비언 제국주의
자들'이 존재한다고 말한 바 있다.[215]

부르주아 학자와 평론가 들은 대개 약간은 위장한 모습으
로 제국주의 옹호자로 등장한다. 이들은 제국주의의 완전한
지배와 그 깊은 근원들을 은폐하고, 세론들과 지엽적인 문제
들을 전면에 내세우려 애쓰며, 본질적인 문제로부터 트러스트
나 은행에 대한 경찰의 감독 등과 같은 전혀 부질없는 '개혁'안
들로 사람들의 관심을 돌리려고 노력한다. 제국주의의 근본적
인 속성들을 개혁한다는 생각이 어리석다는 것을 감히 인정할

214 페이비언 협회(Fabian Society)는 민주적 사회주의를 지향하는 개혁적
   인 영국의 부르주아 지식인들이 1884년 설립한 단체이다. 그 명칭은 될
   수록 전면전을 피하는 방어 중심의 전술로 결국에는 카르타고의 명장
   한니발의 공격을 물리친 것으로 유명한 고대 로마의 장군 파비우스 막
   시무스의 이름에서 따왔다. 이는 혁명 같은 급진적인 방식보다 점진적이
   고 개량적인 방식을 추구하는 이들의 노선을 상징하는 것이다. 페이비언
   협회의 활동은 이후 영국 노동당의 개량주의 노선에 큰 영향을 끼쳤으
   며, 이 협회의 대표적인 인물로는 시드니 웹과 베아트리체 웹 부부, 극작
   가 버나드 쇼 등이 있다.―옮긴이
215 홉슨은 『제국주의론』의 2편 4장 「제국주의와 열등 인종」에서 "이것은
   논리의 비탈길을 거쳐, 키드 씨, 기딩스 교수, '페이비언' 제국주의자들이
   유능하게 제시한 진정한 논점으로 우리를 이끌어간다. 열대지방 지배에
   대한 '문명' 민족들의 첫째 요구를 이루고 있는 것은 물질적 필요라는 이
   평계의 확대다"라고 말하고 있다.―옮긴이

만큼 뻔뻔하고 노골적인 제국주의자는 훨씬 드물게 나타난다.

한 가지 예를 들어보자. 《세계경제논총》[216]이라는 간행물을 통해 독일 제국주의자들은 식민지, 당연한 일이지만 특히 독일 식민지가 아닌 곳에서의 민족해방운동들을 살펴보려고 한다. 그들은 인도에서의 동요와 저항들, 나탈(남아프리카)[217]과 네덜란드령 동인도[218]에서의 운동 등을 언급한다. 그 중 한 사람은 외세의 지배를 받고 있는 아시아·아프리카·유럽의 여러 민족 대표들이 1910년 6월 28~30일에 개최한 종속국·종속인종 대회에 대한 영문 보고서[219]를 읽고 평론을 쓰면서, 이 대회

216 1913년에 창간된 세계 최초의 국제 경제 전문 잡지다. 1970년대부터 계간으로 발간되고 있으며 2003년에 《세계경제평론*Review of World Economics*》으로 제호를 바꾸었다.—옮긴이

217 나탈은 남아프리카의 영국 식민지로 지금은 남아프리카 공화국의 일부가 되었다. 이 지역의 해안에서 설탕 재배 등이 크게 흥하자 영국 농장주들은 부족한 노동력을 채우기 위해 1860년대부터 인도인 노동자들을 받아들이기 시작했다. 그 결과 20세기 초 나탈에서 인도인의 수가 백인들을 앞지를 정도로 늘어났으나, 인도인들에게는 선거권과 토지소유권이 부여되지 않는 등 극심한 차별을 당했다.—옮긴이

218 오늘날 인도네시아가 된 네덜란드령 동인도는 17세기부터 오랫동안 네덜란드의 통치를 받았으나 19세기 말부터 민족의식이 고취되며 1908년 최초의 민족주의 단체 '부디 우토모(Budi Utomo)'가 창설되는 등 민족해방운동이 나타나기 시작했다.—옮긴이

219 「민족들과 종속 인종들: 1910년 6월 28~30일 웨스트민스트의 캑스턴 홀에서 개최된 대회에 대한 보고Nationalities and subject races: report of conference held in Caxton hall, Westminster, June 28-30, 1910」를 가리킨다.—옮긴이

에서 발표된 연설들을 이렇게 평가하고 있다. "이들은 제국주의와 투쟁해야 한다, 지배국들은 종속민족의 자치권을 인정해야 한다, 국제재판소는 강대국과 약소민족 간에 체결된 조약의 집행을 감시해야 한다고 말한다. 그러나 이 대회[220]는 이러한 순박한 소망들을 표현하는 것에서 더 멀리 나아가지 않는다. 제국주의가 현재 형태의 자본주의와 뗄 수 없이 결합돼 있다는 인식은 전혀 흔적도 보이지 않으며, 따라서(!!) 일부 특별히 추악한 지나친 행위들에 대한 반대에 국한되지 않는 한 제국주의와의 직접적인 투쟁은 가망이 없다는 인식도 마찬가지로 찾기 어렵다."[221] 제국주의의 토대들을 개량주의적으로 수정한다는 것은 기만이며 "순박한 희망"이기 때문에, 억압받는 민족의 부르주아적 대표자들이 "더 멀리" 나아가지 않기 때문에, 따라서 억압하는 민족의 부르주아 대표자들은 제국주의 앞에 "과학성"이라는 허울로 위장된 굴종으로 "더 멀리" 뒷걸음질 친다. 이 또한 '논리'가 아닌가!

제국주의의 토대들을 개량주의적으로 변화시키는 것이 과연 가능할 것인가, 제국주의가 낳은 모순들이 더욱 첨예해지고 심화되는 쪽으로 갈 것인가, 아니면 다시 완화되는 쪽으로 갈 것인가 하는 문제들은 제국주의 비판의 근본 문제들이다.

220 레닌이 인용한 독일어 원문은 일반적인 사람들을 뜻하는 대명사 "man"을 쓰고 있지만, 레닌은 "대회"라고 명확히 지칭해서 번역했다.—옮긴이

221 레닌 주 《세계경제논총》, 2권, 193쪽.

제국주의의 정치적 특성은 금융과두제의 억압 및 자유경쟁의 소멸과 결합되어 모든 면에서 반동화가 나타나고 민족억압이 강화되는 것이다. 이 때문에 20세기 초의 거의 모든 제국주의 국가들에서 제국주의에 대한 소부르주아 민주주의적인 반대파가 나타나고 있다. 그리고 카우츠키 및 광범위하고 국제적인 카우츠키주의 조류가 마르크스주의와 단절한 지점은 카우츠키가 소부르주아적·개량주의적이며 경제적으로는 근본적으로 반동적인 이 반대파와 자신을 구별할 생각도 능력도 없다는 것 뿐 아니라 오히려 이 반대파와 실천적으로 융합했다는 바로 그 사실에 있다.

1898년 스페인과의 제국주의 전쟁은 미국에서 '반제국주의자'라는 반대파를 탄생시켰다. 이 부르주아 민주주의의 최후의 모히칸족[222]들은 이 전쟁을 '범죄'로 규정하고, 다른 나라의 영토를 합병하는 것은 위헌으로 간주했으며, 필리핀 국민들의 지도자 아기날도[223](처음에는 그에게 조국의 해방을 약속했다가, 나중에 미국 군대를 상륙시켜 필리핀을 합병했다)에게 저지른 행위를 '배외주의자들의 배신 행위'라고 선언했다. 그들은 다음과 같은 링컨의 말을 인용했다. "백인이 자기 자신을 통치할 때, 그것은

---

222 모히칸족은 북아메리카에 살던 인디언 부족이다. 1826년에 출간되어 국제적인 명성을 떨친 미국 작가 제임스 페니모어 쿠퍼의 소설 『최후의 모히칸족The Last of the Mohicans』의 제목을 인용한 구절로, 레닌은 여기서 사멸하고 있는 사회현상의 마지막 대표자를 빗대는 표현으로 사용하고 있다.—옮긴이

자치다. 하지만 백인이 자기 자신과 함께 다른 사람들도 통치
할 때, 그것은 이미 자치가 아니다. 그것은 폭정이다."[224] 하지만
이 모든 비판들은 제국주의가 트러스트들과, 즉 자본주의의
토대들과 뗄 수 없이 결합되어 있다는 것을 인정하기를 두려워
하고, 대규모 자본주의와 그 발전이 낳은 세력들에 가담하는
것을 두려워하는 한 "순박한 희망"에 머무를 수밖에 없다.

　　제국주의 비판에서 홉슨의 기본적인 입장도 이와 대동소
이하다. 홉슨은 '제국주의의 필연성'을 부정하고 주민들의 '소비

223　에밀리오 아기날도(1869~1964년)는 필리핀 독립운동 지도자로 처음에
　　는 스페인, 이후에는 미국에 대항해 싸웠다. 필리핀은 1571년 이후 스페
　　인의 지배를 받았으나, 19세기 말부터 민족정신이 고취되며 스페인에 대
　　한 저항운동이 벌어지기 시작했다. 스페인 총독정부의 지방 관리로 일
　　하는 한편 독립운동 비밀결사 카푸티난 지역책임자로 활동하던 아기날
　　도는 1896년 8월 무장봉기에 참여했고, 이듬해 벌어진 카푸티난의 내부
　　투쟁에서 조직의 창설자인 안드레스 보니파시오를 누르고 혁명정부의
　　대통령으로 추대되었다. 하지만 상황은 갈수록 불리해졌고 그는 스페인
　　총독정부와 협상을 통해 자유주의적인 개혁을 추진하겠다는 약속을 받
　　는 대신 무장투쟁을 중단하고 홍콩으로 망명했다. 1898년 4월 미국-스
　　페인의 전쟁이 발발하자 아기날도는 미국을 지원하면 필리핀 독립을 보
　　장한다는 밀약을 맺고 귀국하여 과도정부를 조직하고 그 수반이 되어
　　스페인에 대한 항전을 재개했다. 1899년 1월 새로 비준된 헌법에 따라
　　아기날도는 정식으로 필리핀 공화국의 대통령으로 선출되었으나 전쟁에
　　서 승리한 미국은 약속을 깨고 필리핀을 침공했다. 필리핀 정부는 3년
　　동안 게릴라전을 펼치며 저항했으나 1901년 아기날도가 체포되면서 완
　　전히 패배하고 미국에 종속되었다.─옮긴이

224　레닌 주 J. 파투이예(Patouillet), 『미국 제국주의L'impérialisme
　　américain』, 디종, 1904년, 272쪽.

력을 높일'(자본주의하에서!) 필요성을 호소하며 카우츠키를 예견하게 했다. 소부르주아적 관점에서 제국주의, 지나치게 강력해진 은행, 금융과두제 등을 비판하고 있는 인물들로는 우리가 몇 차례 인용한 바 있는 아가트, A. 란스부르그, L. 에쉬베게가 있으며, 프랑스 저술가로는 1900년에 나온 『영국과 제국주의L'Angleterre et l'impérialisme』라는 성의 없는 책을 쓴 빅토르 베라르(Victor Bérard)[225]가 있다. 이들 모두는 마르크스주의를 전혀 참칭하지 않으면서도 제국주의에 대비하여 자유경쟁과 민주주의를 내세우고, 갈등과 전쟁을 유발할 바그다드 철도선 계획을 비난하며, 평화라는 "순박한 희망"을 표명하는 등의 일을 하고 있다. 국제 유가증권 통계학자 A. 네이마르크에 이르러서는 '국제' 유가증권의 가치를 수천 억 프랑으로 계산하고, 1912년에 이렇게 외쳤다. "평화가 깨질 수 있다고 생각할 수 있을까? …… 이런 엄청난 금액에도 불구하고 감히 전쟁을 시작하리라고?"[226]

부르주아 경제학자들의 이런 순박함은 놀라울 게 없다. 게다가 그렇게 순박하게 보이면서 제국주의 시대의 평화를 '진지

225 빅토르 베라르(1864~1931년)는 프랑스의 외교관이자 정치인으로, 오늘날에는 호메로스의 『오디세이아』의 프랑스어 번역과 그에 대한 지리학적 연구로 유명하다. 레닌이 언급한 책 『영국과 제국주의』는 1906년 『영국 제국주의와 상업 패권British imperialism and commercial supremacy』이라는 제목으로 영어로 출간되었다.—옮긴이

226 레닌 주《국제통계협회 회보》, 19권, 2책, 225쪽.

하게' 이야기하는 것은 그들에게 유리하다. 하지만 카우츠키가 1914년, 1915년, 1916년에 그와 똑같은 부르주아 개량주의의 입장에 서서 평화에 대해 (제국주의자, 사이비 사회주의자, 사회평화주의자 들) "모두가 동의하고 있다"고 단언했을 때, 그의 마르크스주의에는 대체 무엇이 남아 있었는가? 제국주의의 모순들에 대한 깊이 있는 분석과 해부 대신, 그 모순들을 회피하고 변명하려 드는 개량주의적인 "순박한 희망"만 볼 수 있을 뿐이다.

여기서 카우츠키가 제국주의에 대해 가하는 경제학적 비판의 전형적인 사례 하나를 가져와보자. 그는 1872년과 1912년의 이집트에 대한 영국의 수출입 수치를 끌어온다. 그 수출입은 영국의 전체 수출입보다 적게 성장했다는 사실이 판명된다. 그리하여 카우츠키는 이렇게 추리한다. "영국이 이집트를 군사적으로 점령하지 않았다면 오직 경제적 요인의 힘만으로 이집트와 그 나라의 무역[227]이 그만큼 성장하지 못했을 것이라고 가정할 이유가 전혀 없다." "이러한 [자본의] 팽창 열망은" "제국주의의 폭력적 방법들이 아니라 평화적인 민주주의에 의해 가장 잘 촉진된다."[228]

카우츠키의 러시아인 똘마니(이자 러시아의 사회배외주의 옹호

[227] 카우츠키의 원문은 대명사 "그것(er)"으로 표현되었으나 레닌은 이를 정확히 "이집트와 그 나라의 무역"이라고 풀어서 번역했다.─옮긴이

[228] 레닌 주 카우츠키, 『민족국가·제국주의 국가·국가연합Nationalstaat, imperialistischer Staat und Staatenbund』, 뉘렌베르크, 1915년, 70쪽과 72쪽.

자) 스펙타토르(Spectator)[229] 씨가 몇백 번이나 되풀이해서 노래하고 있는 이런 주장이야말로 제국주의에 대한 카우츠키 식비판의 토대가 되는 것이다. 그러므로 이 주장을 더욱 상세하게 살펴볼 필요가 있다. 먼저 힐퍼딩의 글귀를 인용해보자. 카우츠키는 1915년 4월을 비롯해 몇 차례나 걸쳐 이 인용문의 결론에 "모든 사회주의 이론가들이 만장일치로 동의했다"고 공언한 바 있다.

힐퍼딩은 이렇게 썼다. "프롤레타리아가 선진 자본주의 정책에 대해 자유무역과 국가 배척시대의 옛날 정책으로 대항하는 것은 의미 없는 일이다. 금융자본의 경제정책인 제국주의에 대한 프롤레타리아의 대응이 자유무역일 수는 없으며 오직 사회주의일 뿐이다. 프롤레타리아 정책의 목표는 자유경쟁의 재건이라는 이제는 반동적인 이상이 아니라, 자본주의의 타도에 의한 경쟁의 완전한 지양이다."[230]

---

229 스펙타토르는 러시아사회민주당에서 활동한 경제학자이자 언론인 나힘손(1880~1938년)의 필명이다. 1899년부터 1921년까지 사회민주당의 유대인 조직인 분트에서 활동했으며 1차 대전 당시 멘셰비키가 장악한 당의 조직위원회에 속해 있었다. 이 시기 레닌의 글들에서 여러 차례 러시아의 대표적인 카우츠키 추종자로 언급된 인물로, 1917년 초 레닌을 비판하는 『조국방위와 사회민주당의 대외정책Vaterlands-Verteidigung und auswartige Politik der Sozialdemokratie』이라는 소책자를 쓰기도 했다. 혁명 이후 모스크바에서 국제농업국과 공산주의 아카데미에 근무하며 세계 경제에 간한 여러 권의 책을 냈다고 알려져 있다.—옮긴이

230 레닌 주 『금융자본』, 567쪽.

카우츠키는 이 금융자본의 시대에 "반동적인 이상", "평화적인 민주주의", "오직 경제적 요인의 힘만"을 옹호함으로써 마르크스주의와 완전히 단절했다. 왜냐하면 그런 이상은 객관적으로 보면 독점자본주의를 독점적이지 않은 자본주의로 되돌리자는 것이며, 개량주의적 기만이기 때문이다.

군사점령이 없었다면, 제국주의가 없었다면, 금융자본이 없었다면 이집트(또는 다른 식민지나 반식민지)와의 무역은 더욱 강하게 "성장했을 것이다." 이건 무슨 뜻인가? 만약 독점들 일반이, 그리고 금융자본에 의한 '유착'이나 억압(다시 말해 역시 독점)이, 또 일부 국가들의 독점적인 식민지 소유가 자유경쟁을 제한하지 않았다면 자본주의가 더 빠르게 발전했을 것이라는 뜻인가?

카우츠키의 주장은 다른 의미를 가질 수 없으나, 그 "의미"야말로 무의미한 것이다. 그것이 옳다고, 즉 독점이 전혀 없었다면 자유경쟁이 자본주의와 무역을 더 빠르게 발전시켰을 것이라고 가정해보자. 그러나 무역과 자본주의가 더 빠르게 발전할수록 독점을 낳는 생산과 자본의 집중도 더 강해진다. 그리고 독점은 이미 탄생했다. 바로 자유경쟁 속에서! 만일 독점이 지금에 와서 발전을 지연시키고 있다 해도 여전히 자유경쟁을 지지하는 논거가 되진 못한다. 자유경쟁은 독점을 낳은 후에는 더 이상 불가능한 것이기 때문이다.

카우츠키의 주장을 어떻게 돌려보아도 그 속에는 반동성

과 부르주아적인 개량주의 외에 아무것도 없다.

스펙타토르가 말하는 것처럼 영국 식민지들과 영국의 무역이 현재 다른 나라들과 무역보다 느리게 성장하고 있다고 이 논리를 바꿔 말한다 해도, 이 역시 카우츠키를 구원하진 못한다. 왜냐하면 영국을 타도한 것 역시 단지 다른 나라들(미국·독일)의 독점이고, 또 제국주의일 뿐이기 때문이다. 카르텔이 수출할 수 있는 생산물들만을 보호하기 위한 새롭고 독특한 형태의 보호관세를 낳았다는 사실은 잘 알려져 있다. (엥겔스는 『자본론』 3권에서 이를 언급했다.[231]) 여기에다 '헐값 수출', 영국 사람들이 말하는 '덤핑'제도 역시 카르텔과 금융자본의 특징이라는 사실 또한 잘 알려져 있다. 카르텔은 국내에서 그 생산물을 높은 독점가격으로 판매하는 반면, 해외에서는 경쟁자들을 몰락시키고 자기의 생산을 최대한 확장하는 등을 위해 헐값에 물건을 팔아치운다. 만약 독일이 영국보다 영국 식민지와 무역을 더 빠르게 발전시키고 있다면 그것은 독일 제국주의가 영국 제국주의보다 더 젊고 더 강력하며 더 조직적이고 뛰어나

---

231 엥겔스는 『자본』 3권 6장의 16번 주석에 이렇게 썼다. "근대적 생산력이 자본주의적 상품교환의 법칙에서 날로 벗어나고 있다는 사실은 ……특히 두 개의 징조에서 알 수 있다. 첫째로는 일반보호관세에 대한 새로운 열광에서인데, 이 관세가 수출능력 있는 상품을 보호하기 위한 것이라는 점에서 옛날의 보호주의와 다르다. 둘째로는 생산·가격·이윤을 조절하기 위하여 산업분야 전체에서 공장주들이 결성한 카르텔(과 트러스트)에서이다."—옮긴이

다는 사실을 증명할 뿐, 결코 자유무역의 '우월함'을 증명하지는 않는다. 왜냐하면 자유무역이 보호무역과, 식민지의 종속 상태와 싸우고 있는 것이 아니라 한 제국주의가 다른 제국주의와, 한 독점조직이 다른 독점조직과, 한 금융자본이 다른 금융자본과 싸우고 있는 것이기 때문이다. 영국 제국주의에 대해 독일 제국주의가 지닌 우월함은 식민지 국경선이나 보호관세라는 장벽보다 더 강력한 것이다. 그러므로 이로부터 자유무역과 '평화적인 민주주의'를 비호하는 '논거'를 끌고 오는 것은 진부한 일인데다, 제국주의의 기본 특성과 특징 들을 망각하고, 마르크스주의를 소시민적인 개량주의로 바꿔치기하는 짓이다.

카우츠키와 똑같이 제국주의를 소시민적으로 비판하고 있는 부르주아 경제학자 A. 란스부르그가 무역통계 수치를 훨씬 과학적으로 다루고 있다는 사실은 흥미롭다. 그는 임의로 고른 한 나라와 식민지들만을 다른 나라들과 비교한 것이 아니라, 제국주의 국가와 (1) 그것에 금융적으로 종속된, 즉 그로부터 돈을 빌린 나라들에 대한 수출과 (2) 금융적으로 독립된 나라들에 대한 수출을 비교했다. 그 결과는 다음과 같다.

| 독일의 수출 |

단위: 100만 마르크

	국가	1889년	1908년	증가율
독일에 금융적으로 종속된 나라들로의 수출	루마니아	48.2	70.8	+ 47%
	포르투갈	19.0	32.8	+ 73%
	아르헨티나	60.7	147.0	+ 143%
	브라질	48.7	84.5	+ 73%
	칠레	28.3	52.4	+ 85%
	터키	29.9	64.0	+ 114%
	합계	234.8	451.5	+92%
독일에 금융적으로 종속되지 않은 나라들로의 수출	영국	651.8	997.4	+ 53%
	프랑스	210.2	437.9	+ 108%
	벨기에	137.2	322.8	+ 135%
	스위스	177.4	401.1	+ 127%
	오스트레일리아	21.2	64.5	+ 205%
	네덜란드령 동인도	8.8	40.7	+ 363%
	합계	1,206.6	2,264.4	+ 87%

란스부르그는 합계를 내지 않았는데, 그런 까닭에 기묘하게도 만일 이 수치들이 뭔가 증명하는 게 있다면 자기 자신의 주장에 상반되는 것뿐이라는 사실을 알아차리지 못했다. 왜냐하면 금융적으로 종속된 나라들로의 수출은 금융적으로 종속되어 있지 않은 나라들로의 수출보다 많진 않지만 그래도 더 빨리 증가하고 있기 때문이다. (나는 '만일'이라는 단어를 강조했는데, 란스부르그의 통계도 결코 완전지는 않기 때문이다.)

수출과 차관의 연관성을 추적하면서 란스부르그는 이렇게

적었다.

"1890~1년 독일 은행들은 루마니아에 차관을 제공하기로 했는데, 그것은 이미 몇 년 전에 선불로 지급을 끝낸 것이었다. 차관은 주로 독일에서 철도 자재를 구입하는 데 사용되었다. 1891년 루마니아로 독일이 수출한 금액은 5,500만 마르크였다. 다음해 그것은 3,940만 마르크로 떨어졌고, 그 수준에서 오르락내리락하다가 1900년에는 2,540만 마르크까지 떨어졌다. 최근 몇 년 동안에 와서야 새로운 차관 두 개를 받은 덕분에 1891년 수준을 회복했다.

포르투갈로의 독일의 수출은 1888~9년의 차관의 결과 2,110만 마르크(1890년)로 증가했다. 그러고는 그후 2년간 1,620만 마르크와 740만 마르크로 떨어졌고, 1903년에야 간신히 원래의 수준에 도달했다.

독일과 아르헨티나의 무역수치는 더욱 명확하다. 1888년과 1890년의 차관의 결과 아르헨티나로의 독일의 수출은 1889년에 6,070만 마르크에 달했다. 2년 뒤의 수출은 그 3분의 1도 안 되는 1,860만 마르크에 불과했다. 1901년이 되어서야 처음으로 1889년의 최고점을 넘어섰지만, 이는 새로운 국채와 지방채 발행, 발전소 건설을 위한 자금 조달과 기타 신용 제공에 결부된 것이었다.

칠레에 대한 수출은 1889년의 차관의 결과, 4,520만 마르크(1892년)로 증가했지만, 1년 뒤엔 2,250만 마르크로 떨어졌다. 1906년 독일 은행들로부터 새로운 차관을 제공받기로 한 뒤 수출은 4,870만 마르크(1902년)로 증가했지만 1908년에 또다시 5,240만 마르크로 떨어졌다."[232]

란스부르그는 이러한 사실들로부터 익살스러운 도덕을 끄집어낸다. 차관과 연관된 수출이 얼마나 허약하고 불균형한 것인가, 국내 산업을 '자연스럽게' 그리고 '조화롭게' 발전시키는 대신 자본을 해외로 수출하는 것이 얼마나 나쁜 일인가, 크룹프 사가 대외차관을 얻어내려고 수백만이나 되는 뇌물을 쓰고 있다니 얼마나 '비싼' 것인가 등. 하지만 사실들은 명확하게 이야기하고 있다. 수출의 증대는 부르주아 도덕 따위는 아랑곳하지 않고 일거양득의 이득을 거두는, 즉 첫째로 차관 자체에서 이익을 챙기고, 둘째로 그것이 크루프 사의 제품이나 철강 신디케이트의 철도 자재 등을 구입하는 데 사용될 때 같은 차관에서 또 이익을 챙기는 금융자본의 사기 술책들과 직결되어 있다고 말이다.

반복해서 강조하지만, 나는 란스부르그의 통계가 결코 완벽하다고 생각하지 않는다. 하지만 그것을 반드시 인용했어야 했는데, 왜냐하면 그것이 카우츠키와 스펙타토르의 통계보다 과학적이기 때문이고, 란스부르그가 이 문제에 대해 올바른 접근법을 택하고 있기 때문이다. 수출 등에서 금융자본의

232 레닌 주 《디 방크》, 1909년, 2호, 819쪽 이하.

중요성을 논하기 위해서는 수출과 금융가들의 술책과 연관성, 수출과 특히 카르텔 생산물의 판로와 연관성 등을 하나씩 따로 구분해 인식할 수 있어야 한다. 그리고 단순히 식민지들 일반과 식민지 아닌 곳들을, 하나의 제국주의와 다른 제국주의를, 하나의 반식민지 또는 식민지(이집트)와 나머지 모든 나라들을 비교하는 것은 바로 그 문제의 본질을 회피하고 은폐하는 것을 의미한다.

제국주의에 대한 카우츠키의 이론적 비판은 마르크스주의와는 전혀 무관하며, 단지 기회주의 및 사회배외주의에 대해 화해와 통일을 주장하는 설교의 서론으로나 쓸모 있을 뿐인데, 왜냐하면 이 비판이 제국주의의 그 가장 깊고 근본적인 모순들을 회피하고 은폐하고 있기 때문이다. 예컨대 독점들 및 그것과 나란히 존재하는 자유경쟁 사이의 모순, 금융자본의 거대한 '영업 활동'(및 막대한 이윤)과 자유시장에서의 '정직한' 거래 사이의 모순, 한편에 있는 카르텔 및 트러스트들과 다른 한편에 있는 카르텔화되지 않은 산업들 사이의 모순 등을 말이다.

카우츠키가 창조한 저 악명 높은 '초제국주의' 이론도 완전히 똑같은 반동적인 성격을 지니고 있다. 이 주제에 대해 그가 1915년에 한 주장을 홉슨의 1902년 주장과 비교해보라.

카우츠키: "현재의 제국주의 정책이 새로운 초제국주의 정책으로 교체되고, 국민적인 금융자본들이 서로 경쟁을 일삼는

자리에 세계를 공동으로 착취하는 금융자본의 국제연합이 들어설 가능성은 없는가? 어쨌든 이러한 자본주의의 새로운 단계를 생각할 수는 있는 일이다. 그것이 실현될 수 있을지 없을지 판단하기 위한 충분한 전제조건들은 아직 존재하지 않는다."[233]

홉슨: "이렇게 각개가 미개한 속령들을 종자로 거느리는 몇몇 거대 연방제국들에 펼쳐진 기독교권역(Christendom)은 많은 사람들의 눈에 현 추세의 가장 합당한 발전이자, 국제제국주의(inter-Imperialism)라는 확실한 토대 위에서 영구적인 평화에 대한 최선의 희망을 주는 것으로 보인다."

카우츠키가 초제국주의(ultra-imperialism)라고 불렀던 것을 홉슨은 그보다 13년 전에 국제제국주의(inter-imperialism)라고 불렀던 것이다. 한 라틴어 접두사를 다른 라틴어 접두사로 바꾼 것에 의해 새로운 현학적인 단어를 창조한 것을 빼면 카우츠키가 이룩한 '과학적' 사고의 진보란 홉슨이 본질적으로 영국 사제들의 위선이라고 기술한 것을 마르크스주의라고 참칭한 데 있을 뿐이다. 보어 전쟁 이후 이 지체 높으신 분들에게 남아프리카의 전장들에서 많은 사망자들을 잃은데다, 영국 금융가들에게 더 높은 이윤을 보장해주기 위해 인상된 세금까지 부담했던 영국 소시민과 노동자들을 위로하는 데 큰 노력을

---

233 레닌 주《노이에 차이트》, 1915년 4월 30일, 144쪽.

기울이는 것은 아주 당연한 일이었다. 또한 제국주의가 그렇게 나쁜 것은 아니며, 영구적인 평화를 보장할 수 있는 국제(또는 초)제국주의가 머지않았다는 것보다 더 좋은 위로가 어디에 있을 수 있겠는가? 영국의 사제들이나 상냥한 카우츠키의 선한 의도가 무엇이든 간에 그의 '이론'이 지닌 객관적인, 즉 현실적인 사회적 의미는 단 하나밖에 없다. 대중의 관심을 현 시대의 첨예한 모순들과 첨예한 문제들로부터 돌려 뭔가 새로운 것처럼 보이는 미래의 '초제국주의'라는 거짓 전망으로 향하게 함으로써 대중에게 자본주의 아래에서도 영구적인 평화가 가능하다는 희망으로 가장 반동적인 위안을 주는 것. 카우츠키의 '마르크스주의' 이론에 있는 것은 오직 대중에 대한 기만뿐이다.

익히 알려져 있는 반박의 여지가 없는 사실들하고만 비교해봐도, 카우츠키가 독일 노동자(및 모든 나라의 노동자)에게 주입하려 애쓰는 전망이 얼마나 거짓된 것인지를 충분히 알 수 있다. 인도, 인도차이나, 중국을 예로 들어보자. 6~7억 인구를 가진 이 세 식민지·반식민지 나라들[234]이 영국, 프랑스, 일본, 미국 등 몇몇 제국주의 강대국들의 금융자본에게 착취당하고 있음은 잘 알려져 있다. 이 제국주의 국가들이 방금 거론된 아시아 국가들에서 영토, 이익, 세력권을 지키거나 확대하기 위

234 1900년을 기준으로 중국 인구는 약 4억, 인도 인구는 약 2억, 인도차이나 반도의 인구는 약 4천만~5천만 명이었던 것으로 추산된다.—옮긴이

해 서로 편을 갈라 동맹을 맺는다고 가정해보자. 그것은 '국제 제국주의' 또는 '초제국주의' 동맹이 될 것이다. 그럼 이번에는 모든 제국주의 열강들이 앞서 말한 아시아 지역들의 '평화적인' 분할을 위해 동맹을 맺는다고 가정해보자. 이것은 '국제적으로 연합한 금융자본'의 동맹일 것이다. 이러한 동맹의 실례들은 20세기 역사에서도, 예를 들면 중국에 대한 열강들의 태도에서 나타나고 있다.[235] 문건대, 자본주의가 그대로 유지되는 조건(다시 말해 카우츠키가 전제로 삼고 있는 바로 그런 조건)에서 이런 동맹들이 일시적이지 않을 것이라든가, 그것들이 모든 종류의, 모든 가능한 형태의 마찰·분쟁·투쟁들을 제거할 것이라고 상정하는 것이 과연 '생각할 수' 있는 일인가?

이렇게 물었을 때 그에 대해 부정적인 답변을 할 수밖에 없다는 것이 분명한 사실이다. 왜냐하면 자본주의하에서 세력권·이익·식민지 등을 분할하는 데 있어 분할 참가국들의 국

---

235 레닌이 여기서 염두에 두고 있는 것은 뒤에서 언급되는 의화단 봉기의 진압 결과 1901년 9월 7일 영국·미국·독일·프랑스·일본·러시아·오스트리아·벨기에·네덜란드·스페인·미국 등 제국주의 열강 11개국과 청나라 정부 사이에 체결된 신축조약(辛丑條約)이다. 일명 베이징의정서라고도 불리는 이 조약은 청나라가 열강들에게 거액의 배상금과 베이징 주변의 포대 해체, 베이징 치외법권 구역 설정과 외국 군대 주둔, 외세 배척 운동 금지, 독일 공사와 일본 서기관 피살 사건에 대한 사죄 사절 파견 등을 약속한 불평등 조약으로, 이로써 중국은 반식민지로 전락하고 외국 자본은 중국을 착취하고 강탈할 새로운 기회를 얻게 되었다.— 옮긴이

력, 즉 전반적인 경제력·재정력·군사력 등을 고려하는 것 외에 다른 근거는 생각할 수 없기 때문이다. 그리고 이 분할 참가국들의 국력은 불균등하게 변화한다. 자본주의하에서 개개의 기업·트러스트·산업부문·국가 들이 **균등**하게 발전한다는 것은 불가능한 일이기 때문이다. 반세기 전 독일의 자본주의적 국력은 당시 영국과 비교해보면 독일이 비참할 정도로 미미했다. 러시아와 비교할 때 일본도 마찬가지였다. 그런데도 10년이나 20년 후 제국주의 열강의 세력관계가 여전히 변화하지 않을 것이라고 예상하는 것이 '생각할 수' 있는 일인가? 결코 가능하지 않다.

따라서 영국의 사제들이나 독일의 '마르크스주의자' 카우츠키의 진부한 소시민적 환상 속이 아닌, 자본주의의 현실 속에 있는 '국제제국주의' 또는 '초제국주의' 동맹은—그 동맹들이 어떠한 형태로 이루어지든, 즉 어떤 제국주의 연합에 대한 다른 제국주의 연합이라는 형태든, **모든** 제국주의 열강의 전반적 동맹이라는 형태든—불가피하게 전쟁과 전쟁 사이의 '짧은 휴지기'에 불과하다. 평화적인 동맹이 전쟁을 준비하고 전쟁에서 다시 평화적인 동맹이 성장하며 양자가 서로에게 원인이 되는 바, 세계 경제와 세계 정치의 제국주의적 유착과 상호관계라는 같은 **토양**에서 평화적인 투쟁과 비평화적인 투쟁의 형태가 교대로 발현되는 것이다. 그러나 총명하기 짝이 없는 카우츠키는 노동자를 달래고 그들을 부르주아지의 편으로 넘어간 사회배외주의자들과 화해시키기 위해 단일한 사슬의 한 고리를 다른 고리로부터 떼어내는 짓을 한다. 즉 중국의 '평정'을 위해 모든 열강들이 맺은 오늘의 평화적인 (그리고 초제국주의적인, 아니 초초제국주의적인) 동맹(의화단 봉기에 대한 진압[236]을 기억하라)을 내일의 평화적이지 않은 분쟁에서 떼어내는 것이다. 그리고 그 분쟁은 예를 들어 터키 등의 분할을 위한 모레의 '평화적인' 전반적인 동맹을 준비한다. 제국주의 평화의 시기들과 제국주의 전쟁의 시기들 사이의 생생한 연관성을 보여주는 대신 카우츠키는 노동자들에게 생기 없는 추상을 제시하여 그들의 생기 없는 지도자들과 화해시키고자 하는 것이다.

미국인 힐(Hill)[237]은 『유럽의 국제적 발전에서 외교의 역

---

[236] 의화단 운동은 1898년부터 1901년까지 중국에서 벌어진 대규모 반외세 운동이다. 의화단은 본래 의화권이라 불리던 종교적 비밀결사로 이들이 무술을 수련했기 때문에 흔히 권비(boxer)의 난이라고도 불린다. 제국주의 열강에 의한 중국 분할의 조짐이 뚜렷해지면서 각지의 의화단들은 '부청멸양'의 기치를 내걸고 서양인들을 무차별적으로 공격하기 시작했다. 서태후 등 보수파가 장악한 청나라 조정이 이를 은근히 조장하면서 이 운동은 걷잡을 수 없이 확대되었다. 1900년 6월 일본 대사관 서기와 독일 공사가 피살되는 등 상황이 악화되자 중국에 주둔한 열강의 군대들은 자국민을 보호한다는 명목으로 베이징으로 진군하기 시작했고, 청나라 정부는 전쟁을 선포하고 의화단과 함께 서양 군대에 맞섰다. 중국을 놓고 서로 대립하던 일본, 러시아, 영국, 미국, 프랑스, 이탈리아, 오스트리아 등 열강들은 연합군을 구성하여 의화단과 청나라 정부군을 제압했다. 결국 서태후와 황제는 시안으로 도주하고 10월부터 열강들과 청나라 정부의 교섭이 시작되어 이듬해 9월 7일 신축조약이 맺어졌다.— 옮긴이

사*A History of the Diplomacy in the Iternational Development of Europe*』라는 저서의 서문에서 현대 외교사의 시기를 다음과 같이 구분하고 있다. (1) 혁명의 시기 (2) 입헌 운동의 시기 (3) 오늘날의 "상업 제국주의" 시기.[238] 그리고 어떤 저술가는 1870년 이후 영국이 취한 '세계 정책'의 역사를 네 시기로 나눈다. (1) 1차 아시아 시기(러시아가 중앙아시아에서 인도로 진출하는 것을 막기 위한 투쟁) (2) 아프리카 시기(대략 1885~1907년): 아프리카 분할을 둘러싼 프랑스와의 투쟁(프랑스와 전쟁 직전까지 갔던 1898년 파쇼다 사건[239]) (3) 2차 아시아 시기(러시아에 대항한 일본과의 조약[240]) (4) '유럽' 시기(주로 독일과 대립)[241] 이미 1905년에 '은행가' 리서는 "정치적 전초전이 금융 영역에서 일어나고 있다"라고 쓰면서,

237 미국의 외교관이자 학자였던 데이비드 제인 힐(1850~1932년)을 말한다. 유럽 외교사 전문가로 국무부 차관보, 스위스 공사, 독일 대사 등을 역임했다.—옮긴이

238 레닌 주 데이비드 제인 힐, 『유럽의 국제적 발전에서 외교의 역사』 1권, 10쪽.

239 1898년 유럽 열강의 아프리카 분할 과정에서 케이프-카이로 철도를 건설하여 우간다와 이집트를 연결하려한 영국의 종단정책과 서부연안에서 동쪽으로 밀고나가며 중앙아프리카를 가로질러 영토를 확장하려 한 프랑스의 횡단정책이 충돌한 사건이다. 1898년 7월 마르샹 대령이 지휘하는 프랑스군은 동진하여 이집트·수단 남부의 나일 계곡에 있는 파쇼다를 먼저 점령했다. 한편 수단 지방을 남하하던 키치너 장군의 영국군은 9월 2일 수단의 수도 하르툼을 점령하고 9월 18일에야 파쇼다에 도착했다. 키치너는 파쇼다에서 프랑스군이 철수할 것을 요구했지만 불응하여 대치하는 국면이 되었다. 영국과 프랑스 간의 관계는 긴장되었으나 이듬해 프랑스가 나일강 유역에서 손을 떼는 대신 영국이 이집트를, 프랑스가 모로코를 각각 자기 세력 안에 두기로 하고 타협했다.—옮긴이.

이탈리아에서 활동하는 프랑스 금융자본이 어떻게 그 나라들의 정치적 동맹을 준비했는지, 페르시아 때문에 독일과 영국의 투쟁이 어떻게 전개되었고, 중국에 대한 차관 때문에 모든 유럽 자본들의 투쟁이 어떻게 전개되었는지 등을 지적하고 있다. 이것이야말로 일상적으로 벌어지는 제국주의 분쟁들과 뗄 수 없이 결부돼 있는 '초제국주의' 평화 동맹의 생생한 현실인 것이다.

필연적으로 제국주의에 대한 미화로 변질될 수밖에 없는 제국주의의 가장 깊은 모순들에 대한 카우츠키의 은폐는 제국주의의 정치적 특성들에 대한 이 저자 자신의 비판에도 흔적을 남기지 않을 수 없다. 제국주의는 금융자본과 독점의 시대이며, 그것은 어디에서나 자유가 아니라 지배를 열망한다. 어떤 정치 체제에서나 모든 면에서 반동화가 나타나고 정치 영역에서 모순들이 극단적으로 격화되는 것은 바로 그런 경향들의 결과다. 특히 격화되는 것은 민족억압과 합병에 대한, 곧 민

240 19세기 말과 20세기 초 러시아의 만주 진출이 노골화되자 영국은 러시아에 대항하여 극동에서 자국의 '권익'을 지키기 위해 일본과 동맹을 체결하려 했다. 그 결과 1902년 영일동맹 조약이 체결되었다. 이 조약은 두 나라가 중국에 대한 영국의 권리와 조선에 대한 일본의 권리를 상호 인정하고, 타국이 이들의 이해를 침해하려 할 때 공동으로 대응한다는 것을 주요 내용으로 했다. 이 조약은 이후 정세의 변화에 따라 여러 번 수정되고 1924년까지 존속했으나 그 해 일본·영국·미국·프랑스 4개국의 태평양 조약이 발효함에 따라 효력을 잃었다.—옮긴이

241 레닌주 쉴더, 앞의 책, 178쪽.

족의 자주성을 침해하려는 열망이다(왜냐하면 합병은 바로 민족자
결을 침해하는 것이기 때문이다).

힐퍼딩은 제국주의와 격화되는 민족억압 간의 연관성을 올
바르게 지적하고 있다. "새로 개방된 나라들에서는 자본주의
의 수입이 여러 가지 모순을 심화시키며, (민족의식을 자각하게
된) 국민들 사이에 침입자에 대한 저항을 증대시키는데, 이 저
항은 외국자본에 해로운 정책의 형태를 쉽게 취할 수 있다. 구
래의 사회관계는 완전히 변혁되고, 수천 년간 '역사 없는 민족'
을 묶어놓은 농업의 속박은 타파되며, 이들 민족이 자본주의
적인 소용돌이 안으로 편입되어간다. 자본주의 자체가 점차
피정복 민족에게 자신을 해방시킬 수 있는 수단과 방법을 제공
한다. 이들은 경제적·문화적 자유를 획득하기 위한 수단으로
서, 한때는 유럽 민족들의 최고의 숭고한 목표였던 통일된 민
족국가를 자신의 목표로 삼게 된다. 이 민족자주 운동은 유럽
자본의 가장 가치 있고 가장 유망한 착취 지역에서 유럽 자본
을 위협하게 되며, 유럽 자본은 권력수단을 끊임없이 확대하
는 것에 의해서만 지배를 유지할 수 있게 된다."[242/243]

여기에 우리는 새로 개방된 나라들뿐 아니라 오래된 나라

[242] 레닌 주 『금융자본』, 487쪽.
[243] 레닌은 힐퍼딩의 독일어 원문을 조금 다르게 러시아어로 번역하여 인용
하고 있는데, 예를 들어 "자본주의의 수입(importierte Kapitalismus)"
을 "자본의 수입"으로, "농업의 속박(Gebundenheit)"을 "농업의 고립"
으로, "권력수단(Machtmittel)"을 "군사력"으로 번역했다. ―옮긴이

들에서도 제국주의는 합병으로, 민족억압의 강화로, 따라서 저항의 격화로 나아간다는 점을 덧붙여야만 한다. 카우츠키는 제국주의에 의한 정치적 반동에 반대하면서도 제국주의 시대에 기회주의자들과 화합이 불가능하다는 특히 중요해진 문제는 불분명하게 남겨두고 있다. 그는 합병에 반대하면서도 기회주의자들에게 전혀 불쾌감을 주지 않을, 그들이 받아들이기 가장 쉬운 형태로 반대한다. 그는 독일 청중에게 직접 호소하지만, 그럼에도 불구하고 가장 중요한 당면 문제, 예를 들면 알사스-로렌[244]은 독일이 합병한 땅이라는 점은 얼버무려버린다. 카우츠키의 이런 '사고의 편협성'을 가늠하기 위해 한 가지 예를 들어보자. 만약 어떤 일본인이 미국인들의 필리핀 합병을 비난한다고 가정해보자. 묻건대, 그것이 필리핀을 합병하려는 자기 자신의 욕망에서가 아니라 모든 병합에 대한 증오심에서 나온 것이라고 믿을 사람이 얼마나 될까? 이 일본인의 합병 반대 '투쟁'은 그가 일본의 조선 합병에 반대하여 들고 일어설 경우에만, 일본으로부터 조선이 분리할 자유를 요구하는 경우에만 비로소 성실하고 정치적으로 정직한 것으로 고려될 수 있다는 점을 인정해야 하지 않을까?

244 독일과 인접한 프랑스 북동부 지방으로, 철광석이 풍부한 군사요충지다. 프랑스-프로이센 전쟁에서 프랑스가 패하면서 1871년 독일에 합병되었다가 1차 세계대전 이후 프랑스로 귀속되었다. 프랑스 소설가 알퐁스 도데의 유명한 단편소설 「마지막 수업」이 독일 합병 당시 이 지방을 배경으로 하고 있다.―옮긴이

그리고 제국주의에 대한 카우츠키의 이론적 분석과 제국주의에 대한 경제적·정치적 비판은 가장 근본적인 모순들을 은폐하고 완화하려는 마르크스주의와는 절대로 화해할 수 없는 정신과 유럽 노동운동에서 무너져내리고 있는 기회주의와 화합을 무슨 일이 있어도 끝까지 유지하려는 열망으로 시종일관 점철되어 있다.

10장
제국주의의 역사적 위치

우리는 지금까지 제국주의의 경제적 본질이 독점자본주의라는 것을 살펴보았다. 제국주의의 역사적 위치는 바로 이 본질에 의해 규정된다. 왜냐하면 자유경쟁을 토대로 해서 바로 그 자유경쟁으로부터 성장한 독점이란, 자본주의 체제에서 보다 높은 사회·경제 체제로 이행하는 과도적 형태기 때문이다. 우리는 특히 지금 살펴보고 있는 시대를 특징짓는 독점의 네 가지 유형 또는 독점자본주의의 네 가지 주요 양태들을 유심히 보아야 한다.

첫째, 독점은 매우 높은 발전 단계에 도달한 생산의 집중으로부터 성장했다. 그것은 자본가들의 독점적인 연합인 카르텔, 신디케이트, 트러스트 들이다. 우리는 이것들이 현대의 경제생활에서 얼마나 거대한 역할을 하고 있는지를 이미 살펴보았다. 20세기 초에 이 독점조직들은 선진국들에서 완벽하게 패권을 차지했다. 카르텔로 가는 최초의 걸음을 먼저 내디뎠던 것은 보호관세율이 높은 나라들(독일, 미국)이었지만, 자유무역 체제인 영국도 그보다 조금 늦었을 뿐 생산의 집중에서 독점조직들이 탄생한다는 기본 현상을 똑같이 보여주었다.

둘째, 독점은 가장 중요한 원료산지들, 그것도 특히 자본주의 사회의 기초산업이자 카르텔화가 가장 많이 진전된 산업들인 석탄산업과 철강산업의 원료산지들에 대한 약탈을 강화시켰다. 가장 중요한 원료산지들에 대한 독점적인 소유는 대자본의 힘을 무섭게 증대시켰으며, 카르텔화된 산업들과 카르텔화되지 않은 산업들 사이의 모순을 격화시켰다.

셋째, 독점은 은행들로부터 성장했다. 은행은 공손한 중개업체에서 금융자본의 독점자본가로 변신했다. 가장 선진적인 자본주의 국가들 어디에서나 세 개에서 다섯 개 정도의 가장 큰 은행들이 산업자본과 은행자본의 '인적 융합'을 실현시키고, 전국의 자본과 화폐소득의 대부분을 이루는 수십억의 돈에 대한 처리권을 자신들의 수중에 집중시키고 있다. 현대 부르주아 사회의 모든 경제기관과 정치기관에 예외 없이 종속관계의 촘촘한 그물망을 쳐놓은 금융과두제야말로 독점의 가장 두드러진 현상이다.

넷째, 독점은 식민정책으로부터 성장했다. 금융자본은 식민정책의 많은 '오래된' 동기들에다 원료산지 확보·자본수출·교역을 유리하게 하고 이권과 독점이윤을 높이기 위한 세력권 확장의 동기를 부여하고, 궁극적으로 경제성 있는 영토 일반을 획득하기 위한 투쟁을 추가했다. 1876년에 그랬던 것처럼, 유럽 열강들이 예를 들어 아프리카의 10분의 1을 그 식민지로 차지하고 있을 뿐이었을 때는 식민정책은 토지를 비독점적으로, 말하자면 '선착순'으로 차지하는 방식으로 펼쳐질 수 있었다. 하지만 (1910년 무렵) 아프리카의 10분의 9가 정복되고 전세계가 분할되었을 때, 독점적인 식민지 보유의 시대가, 따라서 세계의 분할과 재분할을 위한 특히 첨예한 투쟁의 시대가 오는 것은 필연적이었다.

독점자본주의가 자본주의의 모든 모순들을 어느 정도로 격화시켰는가는 이미 알려진 대로다. 물가상승과 카르텔의 강압을 지적하는 것으로 충분할 것이다. 이러한 모순들의 격화는 세계 금융자본의 최종적인 승리와 함께 시작된 역사적 이행기의 가장 강력한 추진력이다.

독점, 과두제, 자유가 아닌 지배를 향한 열망, 가장 부유하고 힘센 한 줌도 안 되는 민족들이 점점 더 많은 약소민족들을 착취하는 것 모두가, 제국주의를 기생적 자본주의 또는 부패하고 있는 자본주의로 규정하게 하는 현저한 특징들을 발생시켰다. '금리생활자 국가', 고리대금업자 국가의 형성이 제국주의의 경향들 가운데 하나로서 점점 더 뚜렷하게 나타나며 그 나라의 부르주아는 점점 더 자본수출과 '이자놀이'로 생활하게 된다. 이러한 부패 경향이 자본주의의 급속한 발전을 방해하리라고 생각하는 것은 잘못일 것이다. 결코 그렇지 않다. 제국주의 시대에는 개별 산업분야들, 개별 부르주아 계층들, 개별 국가들에서 이러한 경향들이 다양한 정도의 차이를 두고 드러나기 때문이다. 전체적으로 자본주의는 전보다 훨씬 더 급속하게 발전하고 있지만, 이 발전은 일반적으로 더욱 불균등하게 이루어지고 있을 뿐 아니라, 이러한 불균등성은 자본력이 가장 강한 나라들(영국)의 부패에서 특히 잘 나타나고 있다.

독일의 급속한 경제적 발전에 관해서 독일의 대은행에 대한 연구를 수행한 저술가 리서는 이렇게 말한다. "이전 시대 (1848~70년)의 그리 느리지 않았던 진보와 이 시대(1870~1905년)에 독일 경제 전체 및 특히 은행이 진보하는 속도의 관계는 거의, 지나간 옛 좋은 시절의 우편마차의 속도와 오늘날의 자동차의 속도—한가롭게 걷고 있는 보행자에게도, 자동차에 타고 있는 사람 자신에게도 위험할 정도의—의 관계와 같다." 이렇게 빠른 속도로 성장한 금융자본의 입장에서는, 그렇게 빠르게 성장했다는 바로 그 점 때문에, 좀 더 '평온한' 식민지 보유로 넘어가고 싶어하기 마련인데, 그것은 단지 평화롭지만은 않은 수단을 통해 더욱 부유한 국민들로부터 빼앗을 수밖에 없는 것이다. 그런데 미국은 지난 수십 년간 독일보다 훨씬 급속히 경제가 성장했고, 바로 그 때문에 최근 미국 자본주의의 기생적 특징들이 특히 명백하게 드러났다. 다른 한편으로 공화국인 미국의 부르주아와 군주국인 일본이나 독일의 부르주아를 비교해보면, 그 가장 큰 정치적인 차이점이 제국주의 시대에는 극히 줄어들고 있다는 사실을 알게 된다. 이는 그런 차이점이 전혀 중요하지 않았기 때문이 아니라, 이 모든 경우에 문제가 되는 것은 일정하게 기생적인 특성을 가진 부르주아이기 때문이다.

많은 산업분야들 가운데 한 분야, 많은 나라들 가운데 한 나라의 자본가들이 높은 독점이윤을 획득한 결과 그들은 노동자의 특정 계층을 매수할 수 있는 경제적 가능성을 지니게 된다. 비록 일시적이고 매우 소수에 불과할지라도 그 층을 나머지 모든 노동자들에 맞서 해당 산업과 국가의 부르주아 편으로 끌어당길 수 있게 되는 것이다. 그리고 세계 분할로 인해 제국주의 국민들 사이의 대립이 격화된 것은 이러한 지향을 강화한다. 이렇게 해서 제국주의와 기회주의의 유착이 만들어진다. 이 유착은 다른 어느 곳보다도 빨리, 명확하게 영국에서 나타났는데, 그것은 몇몇 제국주의적인 발전의 특징들이 여기에서 다른 나라보다 훨씬 빠르게 드러났기 때문이다. 몇몇 저술가들, 예를 들어 L. 마르토프는 제국주의와 노동운동 내 기회주의가 유착되어 있다는 사실을—오늘날에는 매우 뚜렷하게 눈에 띄는 사실을—피하고 싶은 나머지 다음과 같은 종류의 (카우츠키와 위스망스(Huysmans)[245] 풍의) '공식적 낙관주의'에 근거한 주장을 펼친다. 만일 기회주의를 강화시키는 것이 선진 자본주의라면, 또는 기회주의로 기우는 경향을 보이는 것이 바로 가장 임금이 높은 노동자들이라면, 자본주의에 반대하는 사람들의 대의는 절망적이 될 것이다 등. 이런 '낙관주의'가

[245] 벨기에 사회당의 지도자 카미유 위스망스(1871~1968년)를 가리킨다.— 옮긴이

뜻하는 바에 대해 현혹되면 안 된다. 그것은 기회주의에 있어서 낙관주의이고, 기회주의를 은폐하는데 유용한 낙관주의인 것이다. 사실 기회주의의 발전이 특별히 빠르고, 특별히 추악하다는 것이 결코 그것에게 굳건한 승리를 보장해주지는 않는다. 건강한 육체에서 악성 종양의 빠른 성장은 단지 종양이 터져서 그로부터 육체가 해방되는 시기를 앞당길 뿐이다. 이 점에서 가장 위험한 자들은 제국주의에 대한 투쟁이 기회주의에 대한 투쟁과 긴밀하게 결합되지 않는다면 공허한 거짓 문구에 지나지 않는다는 것을 이해하려 들지 않는 사람들이다.

제국주의의 경제적 본질에 관해서 지금까지 이 글에서 서술한 모든 것으로부터, 제국주의는 이행기의 자본주의, 좀 더 정확히 말하면 사멸하고 있는 자본주의로 규정해야 한다는 결론이 나온다. 이에 관해서 부르주아 경제학자들이 최근의 자본주의를 묘사할 때 '연결'[246]이나 '고립성의 배제' 등과 같은 단어를 흔히 사용하고 있다는 사실은 매우 교훈적이다. 예를 들어 은행은 "기능이나 발전 과정에 있어서 순수한 사적 경영 기업은 아니며, 갈수록 사경영의 규제 영역을 넘어 성장하고 있다"[247]와 같은 말도 마찬가지다. 그런데 이 문장을 썼던 바로

246 짜맞춤, 맞물림, 얽힘, 밀접한 관련, 연루 등을 의미하는 독일어 "Verflechtung"을 번역한 단어로 보인다.—옮긴이

247 독일어 원문은 "순수하게 경제적 성격을 가지지 않는 기업이며, 순수하게 사법적인 규제의 영역을 넘어 성장하고 있는 기업"라고 되어 있다.—옮긴이

그 리서는 대단히 진지한 얼굴로 '사회화'에 대한 마르크스주의자의 '예언'은 '실현되지 않았다'고 선언하고 있는 것이다!

이 '연결'이라는 단어는 대체 무엇을 보여주는가? 그것은 우리의 눈앞에서 진행되고 있는 과정의 가장 두드러진 특징을 포착한 것에 불과하다. 그것은 그 관찰자가 나무만 보고 숲을 보지 못하고 있다는 사실을 알려준다. 그것은 피상적이고, 우연적이며, 혼란스러운 것을 그대로 모사하고 있을 뿐이다. 그것은 관찰자가 소재에 압도되어 그것의 의미와 중요성을 전혀 이해하지 못하는 사람이라는 것을 드러낸다. 지분 소유권 및 사적소유자들의 관계들은 '우연히 연결되어' 있는 것처럼 보인다. 하지만 이 연결의 배후에 있는 것, 그 토대를 이루는 것은 바로 변화하고 있는 사회적 생산관계다. 대기업이 거대기업이 되고, 대량의 수치를 정밀하게 계산해서 수천만 주민에게 필요한 원료를 3분의 2나 4분의 3, 아니 전부를 계획적으로 조직하게 될 때, 그 원료를 체계저이고 조직적인 방법으로 수백 또는 수천 베르스타[248] 떨어져 있는 적재적소의 생산지점에 수송할 수 있을 때, 수많은 종류의 완제품이 제조되기까지 이런 일련의 하나의 중심부에서 관리될 때, 그리하여 예를 들어 미국의 석유 트러스트가 미국이나 독일에 석유를 공급하고 판매할 때처럼 제조된 생산물을 단일한 계획에 따라 수천만, 수억 소비자들

---

248 베르스타는 러시아의 길이 단위로, 1베르스타는 약 1.067킬로미터다.—
옮긴이

에게 분배할 수 있게 될 때가 바로 단순한 '연결'이 아니라 생산의 사회화가 이루어진 때다. 이때가 되면 사적 경제나 사적 소유의 관계들은 더 이상 그 내용에 어울리지 않는 껍데기, 제때 인위적으로 제거하지 않으면 필연적으로 부패해버리고 마는 껍데기, (최악의 경우에 기회주의라는 종양의 치료가 지연된다면) 오랫동안 부패한 상태로 머물러 있을 수도 있지만 역시 결국 제거되고 말 껍데기가 되는 것이다.

독일 제국주의를 열광적으로 숭배하는 슐체-개베르니츠는 이렇게 외치고 있다.

"독일 은행을 관리하는 일이 한 다스 정도의 사람들에게 맡겨졌다면, 그들의 활동은 오늘날 국민 복지를 주관하는 장관들 대다수의 활동보다도 중요하다." (여기에서 은행가, 장관, 실업가, 금리생활자들을 서로 잇는 '연결'은 새까맣게 잊혀져 있다.) "앞에서 살펴본 발전 경향을 끝까지 파고들어보자. 전국의 화폐자본은 은행들로 모이고, 은행들은 스스로 카르텔로 결합하며, 전국의 투자자본은 유가증권의 형태가 된다. 이때 바로 생시몽(Saint-Simon)[249]의 다음과 같은 천재적인 예견이 실현되는 것이다. '경제관계들이 통일된 규제 없이 전개된다는 사실에서 유

---

249 생시몽 백작 클로드 앙리 드 루브루아(1760~1825년)는 프랑스의 사회개혁론자로, 엥겔스는 『유토피아에서 과학으로의 사회주의의 발전』이라는 소책자에서 그를 샤를 푸리에(1772~1837년), 로버트 오언(1771~1858년)과 함께 과학적 사회주의의 선구자인 공상적 사회주의자로 평가했다.—옮긴이

래한 오늘날 생산의 무정부 상태는, 생산의 조직화에 자리를 내주어야 한다. 생산은 서로 독립되어 있는 타인들의 경제적 욕구를 알지 못하는 고립된 기업가들이 아니라, 특정 공공기관의 감독을 받게 된다. 보다 높은 관점으로 사회경제의 광범위한 영역을 조망할 수 있는 중앙의 관리위원회가 전체 사회에 유익하게 사회경제를 규제하고, 생산수단을 적임자들에게 배분하여 위임하며, 특히 생산과 소비가 늘 조화를 이루도록 관리할 것이다. 그런데 이미 경제활동의 일정한 조직화가 그 기능의 일부로 어느 정도 이루어지고 있는 기관이 있다. 그것은 바로 은행이다.' 우리가 생시몽의 이 말을 완전히 실현하기까지는 아직 갈 길이 멀다. 하지만 우리는 이미 그것을 실현하는 과정에 있다. 이것은 마르크스 자신이 생각했던 것과는 다르지만, 형태만 조금 다를 뿐인 마르크스주의다."[250]

이는 마르크스에 대한 '멋진 반박'이지만, 마르크스의 정확한 과학적 분석으로부터, 비록 천재적이긴 하지만 단지 추측에 지나지 않는 생시몽의 추측으로 퇴보한 것이다. 그리고 추측은 추측일 뿐이라는 사실은 말할 필요도 없다.

[250] 레닌 주 『사회경제학요강』, 146쪽.

『제국주의, 자본주의의 최고 단계』의 역사적 의의

레닌의 『제국주의, 자본주의의 최고 단계』는 망명지인 스위스 취리히에서 1916년 1월에서 6월 사이에 집필되었다. 이 책의 집필 및 출판 과정은 러시아판 레닌 전집의 편집자 주석에 자세히 서술되어 있다.

레닌은 (스위스) 베른에 있던 1915년 중엽부터 제국주의에 관한 문헌들을 연구하는 데 착수했음이 분명하다. 그때부터 그는 문헌 목록을 작성하고 계획을 세웠으며 발췌와 메모를 하고 개요를 쓰기 시작했다. 『제국주의, 자본주의의 최고 단계』를 위한 준비 자료들(『제국주의에 대한 노트』)은 인쇄용지로 약 50장이 된다. 이는 148종의 책(그것들 가운데에는 독일 서적 106종, 프랑스 서적 23종, 영국 서적 17종, 러시아 번역본 2종이 포함된다)과 49종(독일 간행물 34종, 프랑스 간행물 7종, 영국 간행물 8종)의 정기간행물에 실린 232편의 논문(독일어 논문 206편, 프랑스어 논문 13편, 영어 논문 13편)으로부터의 발췌문들로 이루어져 있다. 1916년 1월 초, 레닌은 1915년 12월 페트로그라드에 세워진 합법적

출판사 파루스(돛)를 위해 제국주의에 관한 책을 저술해달라는 제안을 수락했다. 1915년 12월 29일(신력으로 1916년 1월 11일)에 막심 고리키에게 보낸 편지에서 레닌은 "제국주의에 관한 소책자를 준비하기 위해 앉아 있다"고 썼다. 1916년 2월 초반 중에 레닌은 베른에서 취리히로 이사 갔는데, 거기서도 계속 제국주의에 관한 자료들을 수집하고 연구했다. 그는 취리히 주립도서관에서 『제국주의, 자본주의의 최고 단계』를 저술하면서 다른 도시들에서도 책들을 발췌해왔다.

1916년 6월 19일(7월 2일) 레닌은, 프랑스에 살면서 1차 세계대전 동안 서유럽 국가들에 대해 파루스 출판사가 발행하던 소책자 시리즈를 편찬하고 있는 포크롭스키에게 "당신에게 오늘 원고를 등기소포로 보낸다"고 편지를 썼다. 편지와 동시에 보낸 원고는 포크롭스키에게 도착하지 않아서 그것을 다시 보내야 했다. 게다가 출판사는 이미 완성된 원고를 인쇄용지 다섯 장 분량에서 세 장으로 줄여줄 것을 제안했다. 하지만 레닌은 "세 장으로 다시 압축시킨다는 것은 절대로 불가능했기 때문에" 그 저작을 줄이지 않았다. 그 책이 출판사에 도착한 후에 출판사의 경영진에 있던 멘셰비키 분자들은 카우츠키 및 마르토프에 대한 날카로운 비판을 책에서 삭제하고 원고를 수정함으로써, 레닌 문체의 특색을 지웠을 뿐 아니라 그의 사상을 왜곡했다. 레닌이 사용한 (자본주의의 제국주의로의) "성장전화(перерастание)"라는 단어를 "변화(превращение)"라는 단어로,

("초제국주의" 이론의) "반동적 성격(реакционный характер)"이라는 단어를 "후진적(отсталый) 성격"이라는 단어 등으로 바꾸었다. 1917년 중엽에 그 책은 1917년 4월 26일로 날짜를 적은 레닌의 서문을 붙여 『제국주의, 자본주의의 최근 단계(대중적 개설)』라는 제목으로 출간되었다.

1차 세계대전의 발발과 제2인터내셔널의 분열

레닌이 제국주의 관련 문헌들을 연구한 배경에는 무엇보다 1차 세계대전의 발발과 그로 인한 국제 사회민주주의 운동의 분열이 있다. 19세기 말부터 유럽 열강들의 제국주의 경쟁이 격화되며 이들 국가들 간의 전면적인 전쟁의 발발 가능성은 이미 충분히 예상되었던 것이었다. 이 책에 예시된 대로 지역의 패권을 둘러싼 유럽 열강들의 국지적 충돌은 제국주의 경쟁이 본격화된 19세기 말 이래 끊임없이 발생하고 있었다. 쿠바와 필리핀의 패권을 둘러싸고 벌어진 스페인-미국 전쟁(1898년), 프랑스와 영국이 아프리카의 분할을 두고 전쟁 직전까지 갔던 파쇼다 사건(1898년), 남아프리카를 둘러싸고 네덜란드계 정착민들과 영국이 맞붙은 보어 전쟁(1899~1902년), 동아시아의 패권을 놓고 러시아와 일본이 맞붙은 러일 전쟁(1905년) 등. 이러한 상황에서 사회민주주의 운동의 국제 조직인 제2

인터내셔널은 1907년 슈투트가르트 대회 이래 공식적으로 반전 입장을 표명해왔다. 이러한 입장은 1910년에 열린 코펜하겐 대회와 1912년 가을의 켐니츠 대회에서도 재확인되었고, 특히 1912년 12월 스위스 바젤에서 열린 임시대회에서는 다음과 같은 반전 결의가 채택되었다.

인터내셔널은 슈투트가르트 대회 및 코펜하겐 대회에서 전쟁에 반대하는 전쟁을 위해 아래의 원칙을 확립했다. 전쟁이 임박한 경우에 관련 국가들의 노동계급들과 그들의 의회 대표들은 인터내셔널 사회주의자 사무국의 도움을 받아 전쟁 발발을 저지하기 위해 자신들이 가장 유효하다고 생각하는 수단들을 이용하여 자신들이 할 수 있는 모든 것을 해야 하는데, 그 수단들은 당연히 계급투쟁의 첨예성에 따라, 전반적인 정치 상황에 따라 다를 것이다. 그럼에도 불구하고 전쟁이 발발한다면 그들은 그것을 신속히 끝내기 위해 개입해야 하며, 국민대중들을 일으켜세우고, 자본가계급의 지배를 서둘러 타도하기 위해 전쟁이 창출한 경제적·정치적 위기를 이용하는 데 전력을 다해야 한다.(강조는 인용자)

그러나 이러한 공식적인 반전 노선 이면에서는 사회민주당 내부에서 국수주의적 태도가 위험하게 성장하고 있었다. 구스타프 노스케 같은 독일 사회민주당 우파들은 공공연하게 조국

방어적인 태도를 내비쳤지만, 당의 지도부는 좌우파 사이에서 중재적인 입장을 취할 뿐 전면적인 논쟁을 회피했다. 특히 당의 이론적 지도자인 카를 카우츠키는 1911년 무렵부터 뚜렷하게 소부르주아적인 평화주의로 기울어지기 시작했는데, 이것은 사실상 내부에서 성장하고 있는 국수주의적 논리들에는 눈을 감고, 임박한 전쟁을 혁명의 기회로 삼아야 한다는 좌파들의 요구를 거부하는 것이었다. 이러한 이중성은 막상 전쟁이 발발하자 당을 해체시키는 것으로 나타났다.

1914년 6월 28일 오스트리아-헝가리 제국의 황태자 부부가 세르비아 민족주의자에게 암살당하면서 촉발된 위기는 곧 유럽의 거의 모든 국가들이 연루된 전례 없는 대전쟁(Great War)으로 비화되었다. 7월 28일 오스트리아-헝가리 제국이 세르비아에 선전포고를 하자, 세르비아의 후견국가인 러시아는 즉시 총동원령을 내렸다. 이에 오스트리아-헝가리제국의 동맹국 독일은 8월 1일 러시아에 이어 8월 3일 그 동맹국인 프랑스에 선전포고를 하고, 8월 4일 의회에 전쟁공채 발행의 승인을 요청했다. 이는 곧 전쟁 비용의 승인을 물은 것으로, 전쟁에 반대한다면 당연히 반대에 투표해야 하는 사안이었다. 그러나 우파가 지배하는 독일 사회민주당 의원단은 여기에 찬성 투표를 하고 말았다. 이러한 행위는 유럽 사회민주주의 운동에 큰 충격을 주었지만, 그것이 독일만의 문제가 아니라는 것은 곧 드러났다. 영국에서는 영국 최초의 마르크스주의자로 불리던 헨리 하인드먼이 노골적으로 전쟁을 지지했다. 프랑스에서는 열혈 반전주의자 조레스가 암살되고, 인터내셔널 프랑스 지부(SFIO)는 독일과의 전쟁을 적극 지지하며 쥘 게드, 알베르 토마 등 지도자들이 전시내각에 참여했다. 러시아에서는 플레하노프와 포트레소프 같은 저명한 마르크스주의자들이 조국방위라는 노골적인 국수주의 입장을 취했다.

이러한 제2인터내셔널의 분열은 레닌에게 커다란 충격을 주었다. 특히 가장 충격적이었던 것은 엥겔스 이후 가장 권위 있는 마르크스주의 이론가로 자타가 공인하던 카를 카우츠키의 배신이었다. 그는 에두아르트 베른슈타인과 함께 독일 사회민주당의 강령을 작성했을 뿐 아니라, 엥겔스가 죽은 뒤 베른슈타인이 수정주의를 제기하자 그에 맞선 투쟁을 주도하며 오랫동안 독일 사회민주당뿐 아니라 제2인터내셔널의 이론적 지도자로 군림했다. 그러나 카우츠키는 전쟁공채 투표에 대해 기권적인 입장을 취함으로써 사실상 그것을 승인해주었다.

물론 독일 사회민주당 내부 사정을 잘 알고 있던 좌파 활동가들은 이미 독일 사회민주당과 카우츠키에게 깊은 의구심을 갖고 있었지만, 레닌은 전쟁공채 투표 결과를 전해 듣기까지 독일 사회민주당과 카우츠키에 대한 신뢰를 버리지 못했다. 심지어 망명지 스위스에서 전시공채 투표 결과 기사가 실린 독일 사회민주당 기관지 《포어베르츠》를 받아보고서, 독일 군부가 날조한 가짜 신문이 틀림없다고 생각했을 정도다.

그러나 독일 사회민주당의 배신이 사실이라는 것을 확인한 레닌은 곧바로 제2인터내셔널의 파산을 선언하고, 유럽의 사회주의 운동과 노동운동이 왜 그렇게 기회주의로 빠져나갔나를 이해하기 위해 제2인터내셔널 이론 전반에 대한 재검토에 들어갔다. 전쟁 발발 직후 망명지에 고립된 레닌은 1914~5년에는 철학과 제국주의에 대해 연구하고, 1916년 말부터는 국가에 대한 연구를 시작했다. 이는 흔히 "철학 노트", "제국주의 노트", "국가론 노트"로 불리는 방대한 분량의 연구 노트로 기록되었는데, 레닌은 이를 바탕으로 1916년에『제국주의, 자본주의의 최고 단계』를, 1917년에『국가와 혁명』을 썼다. 이 두 저서는 제2인터내셔널 마르크스주의와 단절한 새로운 이론적 기초, 즉 새로운 인터내셔널의 이론적 기초를 형성하기 위한 레닌의 가장 중요한 성과라 할 수 있다.

유럽합중국으로부터 혁명적 패전주의로

특히 제국주의의 문제는 당면 자본주의를 규명하는 것이기 때문에 현실의 실천에 직접 영향을 미칠 수밖에 없는 사안이었다. 레닌은 1915년 중반부터 제국주의에 대한 연구에 본격적으로 착수하는데, 이를 직접적으로 추동한 계기는 당시 볼셰비키 내부에서 벌어졌던 유럽합중국 슬로건 논쟁이었던 것으로 보인다. 레닌은 전쟁 발발 직후에는 제국주의 전쟁을 내란으로 전화시킬 것을 주장하는 동시에 유럽합중국 슬로건에 대한 지지를 표명했다. 당시 국제 사회민주주의 운동 내에서 유럽합중국에 대한 문제의식은 낯선 것이 아니었다. 이미 1908년에 카우츠키는 "유럽합중국은 프롤레타리아트가 승리할 경우에만 가능하며, 가능할 뿐 아니라 필연적이기도 하다"고 썼다. 하지만 전쟁 초기 레닌의 유럽합중국 슬로건 지지는 사회주의적인 것이라기보다는 독일, 오스트리아, 러시아 등 주요 국가에서 여전히 반동적인 군주제가 지배하고 있는 유럽에서 먼저 군주제 없는 '공화제' 유럽합중국을 건설하자는 과도기적 성격, 어떻게 보면 사회주의 혁명에 앞서 민주주의 혁명을 먼저 성취하자는 전통적인 2단계 혁명론과 유사한 측면으로 제기되고 있었다.

1915년 2월 개최된 러시아 사회민주노동당 재외지부 회의에서 레닌이 "새로운 유럽의 건설을 위한 과도적 슬로건"으로 제출한 유럽합중국 슬로건은 볼셰비키 대표 일부의 강한 반론에 부딪혔다. 이들에 따르면 제국주의에서 민주적인 유럽합중국은 불가능하며, 자본주의라는 조건에서 유럽합중국은 미합중국에 대한 대항으로서만 발생할 수 있다는 것이었다. 이들의 주장은 근본적으로 카우츠키의 평화주의에 반대하는 로자 룩셈부르크 등 유럽 좌익의 주장의 연장선상에 있었다.

1914년 전쟁 발발 불과 며칠 전, 카우츠키는 초제국주의를 주장하며 전쟁의 가능성을 부인하고 국제 카르텔을 기초로 한 자본주의의 평화적 발전 가능성을 논했다. 카우츠키의 이러한 입장은 새삼스러운 것이 아니라 1911년 무렵부터 뚜렷해진 그의 소부르주아적인 군축·평화 운동에 대한 지지 입장에서부터 드러난 것이었다. 카우츠키는 당내 좌익을 겨냥하여 자본주의에서 전쟁이 필연적이라는 이유로 평화를 유지하거나 군비를 제한하는 국제적 협정을 반대해서는 안 되며, 사회민주주의자의 당면 과제는 전쟁과 군비 경쟁에 반대하는 소부르주아와 부르주아의 운동을 지지하고 강화시키는 것이라고 주장했다. 또 이전의 입장을 뒤집고 자본주의 아래에서도 유럽합중국 건설에 의한 영구적 평화가 가능할 수도 있다고 암시했다.

실제로 제국주의의 초기 국면에서부터 유럽연방 또는 유럽합중국에 대한 논의는 부르주아 지배계급에 의해 다양한 각도로 논의되고 있었다. 레닌이 이 책에서 지적하고 있는 것처럼 이미 1902년 영국의 경제학자 J. A. 홉슨은 『제국주의론』를 통해 열강들의 유럽연방은 비유럽 지역 식민지 및 종속국에 대한 집단적 약탈로 인해 유럽의 기생성이 강화되는 위험만을 갖고 있다고 비판한 바 있다. 로자 룩셈부르크 역시 비슷한 이유로 1911년 「평화의 유토피아」라는 글을 통해 카우츠키의 평화주의적·자본주의적 유럽합중국을 통렬히 비판했다.

그녀는 사회주의자의 과제는 "부분적인 군비 제한이라는 생각의 비현실성을 보여주는 것"이며 "군국주의는 식민정책,

관세정책, 세계정책과 밀접하게 결부되어 있다는 것을 인민에게 분명히 하는 것"이라고 주장했다. 그녀에 따르면 제국주의 전쟁은 "자본주의 발전의 가장 높은 최후의 단계"이며 군국주의는 "자본주의의 논리적 결론"이다. 사회민주주의자는 따라서 모든 "군축에 관한 익살들"을 일축하고 "부르주아가 만드는 평화 시도에 관한 모든 환상을 박살"내야 한다. 유럽합중국이란 단지 "미합중국에 대항하는 무역전쟁을 위한 관세동맹"에 대한 희망을 드러내는 것일 뿐이며, 사회주의의 기초는 "유럽의 연대"가 아니라 "세계 모든 지역들, 모든 인종과 민족들을 포괄하는 국제 연대"다.

레닌은 이런 유럽합중국 슬로건에 대한 볼셰비키 내부 및 국제 사회주의 좌파의 반대론들을 접하고 한 걸음 물러나서 유럽합중국 슬로건이 카우츠키의 평화주의적 해석과 달리 여전히 유럽에서 군주제 폐지라는 중대한 정치적인 의의를 갖고 있으나, 그 경제적 성격은 아직 규명되지 않았기 때문에 그에 대한 연구가 이루어질 때까지 이 슬로건을 보류할 것을 요청했다. 반 년 뒤인 1915년 8월, 레닌이 볼셰비키 기관지 《사회민주주의자》에 게재한 「유럽합중국 슬로건에 대하여」라는 글은 제국주의에 대한 본격적인 연구의 최초의 결과물이라고 할 수 있을 것이다. 유럽합중국 슬로건은 이 글을 통해 최종 기각되었는데, 그 이유는 첫째 유럽합중국 슬로건은 그 정치적 의의에도 불구하고 경제적으로는 반동적이라는 것("자본주의하에서의 유럽합중국은 식민지 분할 협정과 동의어다"251), 둘째 제국주의 시대에는 사회주의 혁명이 유럽만으로 제한되는 시대는 끝났기 때문이다.

오늘날 이 글은 흔히 일국 사회주의의 기초를 제공한 것으로 오해받고 있는데, 이는 유럽합중국을 세계합중국 슬로건으로 대체하자는 주장의 부적합성을 논하는 부분 때문이다. 레닌은 첫째 사회주의 세계합중국이란 다름 아닌 사회주의로의 이행 그 자체라는 것, 둘째 그것은 몇몇 나라 또는 한 나라에서 사회주의가 승리할 가능성이 전혀 없다는 주장으로 연결될 소지가 있기 때문에 부적절하다고 주장한다. "경제적·정치적 발전의 불균등성은 자본주의의 절대적 법칙이다. 이로부터 사회주의의 승리는, 처음에는 몇 개의 자본주의 국가에서, 심지어 하나의 자본주의 국가에서도 가능하다는 결론이 나온다"252라는 구절은 러시아 혁명 이후 1920년대 중반의 논쟁과 연결되어 러시아 일국에서 사회주의 승리의 가능성 문제와 연결되곤 한다. 그러나 적어도 이 글에서 레닌이 사회주의가 지역적 또는 일국적으로 승리할 가능성이 있는 것으로 염두에 두고 있는 곳은 러시아가 아니라는 것은 명백하다. 왜냐하면 당시 사회민주주의자들 내에서 러시아의 후진성에 대해서는

251 「유럽합중국 슬로건에 대하여」, 『사회주의와 전쟁』(레닌 전집 60권), 양효식 옮김, 아고라출판사, 104쪽.

252 같은 책, 106쪽.

광범위한 합의가 이루어져 있었기 때문이다. 오히려 "민주주의와 사회주의의 대의가 유럽하고만 연결되었던 시대는 영원히 가버렸다"[253]는 구절은 「유럽합중국 슬로건에 대하여」가 세계혁명을 이야기하는 텍스트로 읽혀야 한다는 것을 보여준다.

유럽합중국 슬로건을 기각하는 대신 레닌이 강력하게 내세운 것은 자국 정부의 패배를 선동해야 한다는, 흔히 혁명적 패전주의라고 부르는 노선이었다는 사실은 이를 뒷받침한다. 레닌은 전쟁 초부터 러시아 정부의 패전을 주장하긴 했으나, 이를 유럽 노동계급의 일반적인 노선으로 제기하진 않았다. 러시아 사회민주당 재외지부 회의에서 주로 논의된 것 역시 차르 정부에 대한 패배 선동이었다. 하지만 「유럽합중국 슬로건에 대하여」와 비슷한 시기, 즉 1915년 7~8월에 작성된 「사회주의와 전쟁」, 「제국주의 전쟁에서 자국 정부의 패배」 등에서 레닌은 유럽 교전국들에서의 일반적 슬로건으로서 "자국 정부의 패배"를 강력하게 주장했다. 이는 혁명적 패전주의가 유럽합중국을 대체하는 새로운 슬로건으로 제시되었다는 것을 보여준다.

한쪽이 패배하면 한쪽이 승리할 수밖에 없는 전쟁에서 모든 교전국에서 프롤레타리아가 자국 정부의 패배를 선동해야 한다는 것은 상식적인 견지에서는 납득하기 어려운 정책이다.

253 같은 책, 105쪽.

덕분에 그것은 볼셰비키 내부에서조차 강력한 반대에 부딪혔으며, 반전 사회주의자들 내부에서 거의 수용되지 않았다. 당시 반전주의 사회주의자들의 일반적인 분위기는 보다 현실적으로 설득력 있어 보이는 트로츠키가 제기한 '승리도 패배도 아닌, 배상도 없고, 합병도 없는 강화'로 기울어져 있는 상황이었다. 그렇다면 어느 나라도 승자가 될 수 없다는 것을 의미하는, 겉보기에 대단히 불합리하고 비현실적으로 보이는 보편적 패전주의란 대체 무엇을 의미하는가? 이것은 당대가 세계 사회주의 혁명의 시대라는 것, 모든 나라에서 내란이 벌어지고 정부가 전복되어야 한다는 상황을 상정하는 것이 아니면 이해가 불가능한 것이다.

제국주의, 세계 혁명, 러시아 혁명

1915년 12월 볼셰비키의 '공식' 경제이론가 니콜라이 부하린의 『제국주의와 세계 경제』가 출간되었다. 레닌은 볼셰비키의 새로운 입장에 이론적 기초를 제공하기 위해서 저술된 이 책에 서문을 붙이면서 다음과 같이 썼다.

니콜라이 부하린의 저작이 가진 과학적 의의는 특히 이 점에, 즉 그가 전체로서, 가장 고도로 발전된 자본주의 성장의 특정 단계로서, 제국주의와 연관된 세계 경제의 기본 사실들을 조사했다는 데 있다.(이하 강조는 모두 인용자) 자본주의가 유럽의 선진국들에서 봉건제를 극복하고, 아직 정복되지 않은 땅들과 아직 최종적으로 자본주의 소용돌이로 끌려들지 않은 나라들이 있는 광대한 지역들로 '평화롭게' 퍼져나가며 비교적 평온하고 조화롭게 발전하는 위치에 있었을 때는 상대적으로 '평화로운 자본주의'의 시대가 존재했었다. 물론 대략 1871년부터 1914년까지로 표시되는 그 시대에조차, '평화로운' 자본주의는 군사적인 의미에서나, 전체 계급적 의미에서나 진정한 평화와는 아주 거리가 먼 생활조건들을 창출했다. 선진국 인구의 10분에 9에 있어서, 식민지 및 후진국들에 사는 수억 명의 민족들에 있어서 이 시대는 '평화'가 아닌 압제와 고문과 공포의, 끝이 없어 보이기에 더 무서운 것으로 보인 시대였다. 그 시대는 영원히 지나가버렸다. 그리고 돌연한 변화와 재앙, 충돌로 가득 찬 상대적으로 더 충동적인 시대, 근로대중들에게 더 이상 끝없는 공포가 아니라 공포로 가득 찬 끝으로 나타나는 새로운 시대가 뒤를 이었다. 이 변화가 오직 **자본주의 및 상품생산 일반의 뿌리 깊고 근본적인 경향의 직접적인 발전·성장·연속에** 의한 것이라는 점을 염두에 두는 것은 매우 중요하다. 상품교환의 성장, 대규모 생산의 성장은 수세기 동안 전세계에 걸쳐 관찰할 수 있는 기본적인 경향이다. 교환의 발전에서 특정 단계, 대규모 생산의 성장에서 특정 단계, 즉 대략 19세기의 끝과 20세기의 시작 무렵에 도달된 그 단계에서 상품교환은 경제 관계의 국제화와 자본의 국제화를 창출했으며, 이는 대규모 생산의 엄청난 증가를 동반하고 자유경쟁을 독점으로 대체하기 시작했다. 그 지배적인 유형은 더 이상 국가 내에서 자유롭게 경쟁하는 기업들이 아니라 기업가들의 독점적인 연합, 즉 트러스트들이었다. 세계의 전형적인 지배자는 금융자본이 되었다. 그것은 특별히 유동적이고 유연하며, 특별히 국내적·국제적으로 뒤얽혀 있으면서, 인격성이란 전혀 존재하지 않고 생산의 직접적 과정에서 유리돼 있는, 특별히 집중하기 쉬운 힘이며, 이미 집중의 길로 성큼성큼 나아가고 있어서 문자 그대로 수백 명의 억만장자와 백만장자들의 수중에 전세계의 운명을 쥐게 만든 힘이다.

이 글은 이미 『제국주의, 자본주의의 최고 단계』의 핵심 내용을 요약적으로 제시하고 있다. 우선 주목해야 할 점은 레닌이 자본주의를 "전체로서" 고찰할 것을 유난히 강조하고 있다는 것이다. "전체", "총괄", "연관"과 같은 단어들은 『제국주의, 자본주의의 최고 단계』에서도 특별하게 반복적으로 나타나고 있는 단어들이다. 레닌은 제2인터내셔널의 진화론적 철학으로부터 단절하기 위해 헤겔의 논리학을 연구했는데, 이러한 연구로부터 모든 사태의 상호연관성에 대한 인식을 특별하게 획득했다. 이는 제국주의 연구에서 자본주의를 단지 일국적 또는 지역적으로 고찰하는 것이 아니라 전체적 연관 속에서 고찰해야 한다는 관점으로 이어졌다. 그것은 자본주의를 주로 유럽 내부의 발전으로 보던 것에서 세계 전체로서 파악해야 한다는 것을 의미한다.

이러한 고찰의 결과 제국주의는 이제 자본주의의 새로운 단계로 제기된다. 카우츠키는 룩셈부르크 등 좌파와 논쟁하면서 제국주의를 자본주의가 선택 가능한 정책, 상황에 따라 철회될 수 있는 정책으로 제기했다. 반면 레닌은 제국주의 시대를 마르크스주의 전략의 근본적인 수정을 요구하는 새로운 시대로 규정한다. 이 속에서 "제국주의는 프롤레타리아 사회혁명의 전야"로 선언된다. 이러한 자본주의의 새로운 단계는 대략 19세기에서 20세기로 넘어가는 전환기에 시작되었으며, 그것은 생산의 집중이라는 자본주의의 일반적인 성격의 결과로 등장한다. 제국주의에 관한 레닌의 주장을 요약하면 다음과 같다. 현재 자본주의의 특성으로 나타나는 금융자본은 독점의 결과이며, 이는 자본주의의 일반적인 성격인 생산의 집중의 결과물이다. 자본주의가 금융자본주의, 독점자본주의, 제국주의라는 새로운 시대로 돌입함에 따라 평화롭고, 진보적인, 자유경쟁 자본주의는 끝났다. 이러한 금융자본주의, 독점자본주의, 제국주의 시대는 자본주의 최고이자 최후의 단계이자 사회주의로의 이행의 시기이며 따라서 세계 사회주의 혁명의 시기다.

전쟁은 유럽의 사회민주주의 운동을 근본적으로 분열시켰다. 그러나 전쟁의 충격으로 형성된 급진적 좌익들에게조차 사회주의 혁명은 대부분 멀리 있는 추상적인 목표였다. 트로츠키는 자서전에서 당시 독일 사회민주당에서 극좌파로 불리던 카를 라데크조차 "인류의 생산력이 전반적으로 아직 충분히 발달하지 못했"기 때문에 사회주의 혁명을 당면의 과제로 생각하지 않는 점에 깜짝 놀랐다고 회고했다. 1915년 9월 스위스의 치머발트에서 최초로 반전 사회주의자들의 국제회의가 열렸을 때, 이 회의에 참석한 유럽 좌파들의 반전 입장은 대개 일반적인 평화주의에 머물러 있었다. 이런 점에서 레닌은 제국주의 분석을 통해 유럽의 다른 좌파 사회주의자들보다 세계 사회주의 혁명이라는 전략에 한 걸음 더 구체적으로 접근했다고 볼 수 있다.

예컨대 레닌은 제국주의 분석을 통해 서유럽 노동운동 및 사회민주주의 운동의 우익화가 식민지 민중에 대한 초과착취를 통해 지배계급이 유럽 노동계급의 상층부를 매수했기 때문에 나타났다고 주장한다. 이것은 엥겔스가 1880년대 영국의 '귀족화된 노동자들'에 대해 논했던 것을 서유럽 노동계급 전체의 문제로 확대시킨 것이었다. 그런데 레닌의 주장처럼 제국주의 시대 서유럽 선진자본주의 국가들에서 노동계급의 핵심부가 매수됐다면 세계 사회주의 혁명은 대체 무슨 수로 가능한 것인가? 1918~20년에 저술된 부하린의 『과도기 경제학』은 자본주의가 고도로 조직된 서유럽에서는 혁명이 오히려 어려우며 "세계 자본주의 체제의 붕괴는 가장 약한 국민경제체로부터, 국가자본주의 조직이 가장 미발전한 곳으로부터 시작되었다"고 평가했다. 이에 대해 레닌은 "정확하지 않다. 중간 정도의 약한 고리로부터 시작되기 때문이다. 자본주의가 일정하게 고양되지 않는다면 우리는 아무것도 할 수 없을 것이다"라고 논평을 달았다. 이는 러시아 혁명에 대한 볼셰비키의 해석을 보여준다. 즉 그들은 러시아 혁명을 제국주의 시대에서의 세계 혁명의 출발점으로 인식하고 있었던 것이다.

이러한 인식은 레닌이 1915년 9월에 쓴 「러시아의 패배와 혁명적 위기」라는 글에서 더욱 명확히 나타난다. 여기서 레닌은 "러시아의 부르주아 민주주의 혁명은 이제 서구에서 단순한 사회주의 혁명의 서곡이 아니라 불가분한 구성 부분이다"254라고 썼는데, 이는 러시아 혁명에 대한 기존 볼셰비키의 2단계 혁명론을 수정한 것으로 볼 수 있다. 널리 알려져 있다시피 1905년 러시아 혁명 당시 '프롤레타리아트와 농민의 혁명적 민주주의 독재'라는 정식으로 표현된 볼셰비키의 노선은 먼저 부르주아 민주주의 혁명, 다음에 프롤레타리아 사회주의 혁명이라는 2단계 혁명론에 기초하고 있었다. 사실 당시 유럽의 모든 사회민주주의자들에게 당면 러시아 혁명의 성격은 차르 전제를 철폐하는 민주주의 혁명이라는 것은 자명한 사실이었다.251 여기서 볼셰비키가 대다수의 멘셰비키와 갈라섰던 지점은 민주주

254 같은 책, 186쪽.

의 혁명의 주체는 부르주아가 되어야 한다고 생각한 멘셰비키
들과 달리 민주주의 혁명에서도 그 주체는 산업노동자계급과
농민이 되어야 한다고 주장했다는 점이었다. 전쟁 초기 러시
아·독일·오스트리아에서 군주제가 철폐된 공화제 유럽합중
국 슬로건을 지지한 레닌의 생각 역시 아직 이러한 관점에서
벗어나지 못한 것으로 평가할 수 있다.

　이는 레닌이 본격적으로 제국주의를 분석하기 전까지는
일국 또는 지역의 혁명과 세계 혁명의 연관성을 유기적으로 파
악하지 못하고 있었다는 것을 보여준다. 예를 들어 레닌은 첫
번째 러시아 혁명 직후인 1905년 말 또는 1906년 초에 썼다고
추정되는 「혁명의 단계, 추세, 전망」이라는 짧은 글에서 러시
아 혁명의 단계를 프롤레타리아트와 농민의 동맹에 기초한 부
르주아 민주주의 혁명, 그리고 러시아 프롤레타리아트와 유럽
프롤레타리아트가 함께하는 유럽 사회주의 혁명의 두 단계로
제시한다. 그러나 여기서는 아직 러시아의 민주주의 혁명과 유
럽 사회주의의 연관고리는 명확히 규명되지 않는다. 이에 대해
1915년 9월의 레닌은 "서구의 프롤레타리아 혁명을 촉발시키
기 위해 러시아의 부르주아 혁명을 관철시킨다는 것이 1905년

255　트로츠키의 연속혁명론 역시 러시아 혁명의 성격이 민주주의 혁명이라는
　　점에서 다르지 않다. 단지, 민주주의 혁명은 필연적으로 사회주의 혁명으
　　로 연속된다는 것이다. 트로츠키와 파르부스가 차용하면서 유명해진 이
　　개념은 원래 1848년 독일 혁명 시기에 마르크스가 제기한 것이다.

(러시아) 프롤레타리아의 임무로 제기되었다. 1915년에는 이 임무의 전반부가 매우 긴급하게 되어서 후반부와 동시에 진행시켜야 할 문제로 된 것이다"라고 썼다. 즉 러시아에서 혁명은 여전히 민주주의 혁명의 성격을 띨 것이지만 모든 나라가 경제적으로 밀접하게 연관된 제국주의 시대에 그것은 유럽, 나아가 세계 사회주의 혁명과 뗄 수 없는 단일한 과정으로 구성된다는 것이다.

예컨대 소수의 유럽 열강들이 전세계를 분할하고 있는 제국주의 시대에 혁명은 유럽으로 한정될 수 없으며, 세계 혁명은 이제 서유럽과 러시아의 혁명뿐 아니라 억압과 착취를 당하고 있는 식민지에서의 민족해방 투쟁과도 결합되어야 한다. 그 결과 레닌은 로자 룩셈부르크 같은 유럽 좌파들과 달리 민족자결권에 대한 보편적 인정으로 나아간다. 160개가 넘는 민족으로 구성된 다민족 국가인 러시아에서 러시아 사회민주노동당은 창립 초기부터 민족자결권을 강령에 포함시켜왔지만 제국주의 시대에 식민지에서 민족자결을 내세운 민족해방투쟁은 새로운 의미, 즉 세계 혁명에서 주요한 구성 부분이라는 의미를 획득한다.

요약하면, 제국주의 분석을 통해 그려진 세계 혁명의 양상은 러시아와 같은 제국주의의 '중간적 약한 고리'가 끊어져 나가면서 선진 자본주의 국가의 프롤레타리아트가 주도하는 사회주의 혁명들과 식민지의 민족해방 투쟁들이 연쇄적으로 일어나고 상호결합하며 이루어진다는 것이었다. 실제로 1917년 러시아 혁명은 동유럽을 거쳐 독일 혁명과 영국 총파업 등으로 확대되어나가는 한편, 많은 식민지에서 민족해방투쟁을 자극하고 추동했다. 1917년부터 1920년대 초까지 레닌과 볼셰비키가 취한 전략적 변화들은 제국주의에 대한 분석과 그것을 토대로 제기된 세계 사회주의 혁명 전략을 파악하지 않고서는 이해될 수 없는 것이다.

『제국주의, 자본주의의 최고 단계』와 현재

레닌의 『제국주의, 자본주의의 최고 단계』가 홉슨과 힐퍼딩의 주장들을 짜깁기했을 뿐 독창적이지 않다는 평가도 존재한다. 예를 들어 저 유명한 제국주의의 5개 지표(이 책에서는 '양태'로 번역), 즉 1) 독점의 형성 2) 금융과두제 3) 자본수출 4) 자본가들의 독점연합에 의한 세계 시장 분할 5) 열강들에 의한 영토 분할 가운데, 독점과 금융자본에 관련한 부분은 힐퍼딩에게서, 자본수출 및 세계 분할에 관련한 부분은 홉슨에게서 가져와 조합한 것에 불과하다는 것이다.

그러나 앞에서 살펴보았듯이 레닌은 홉슨과 힐퍼딩의 주장들을 조합하여 그들이 결코 도달하지 못한 결론을 이끌어냈다. 레닌의 제국주의 분석이 『제국주의, 자본주의의 최고 단계』의 열 배 가까운 분량의 노트를 만들었다는 사실에서 알 수 있듯이, 이 책은 제국주의에 대한 총괄적이고 방대한 연구의 결과이며, 경제에 대한 연구뿐 아니라 철학 연구에서 획득한 상호연관성에 대한 새로운 인식이 녹아 있다. 또한 이론적 개설에 머무르지 않고, 세계 혁명에 대한 과감한 주장에 이론적 기초를 제공했다는 점에서 가장 큰 의의가 있다. 이 점에서 스탈린이 "레닌주의는 제국주의 시대와 프롤레타리아 혁명 시대의 마르크스주의"(「레닌주의의 기초」)라고 했던 것이다.

『제국주의, 자본주의의 최고 단계』 출간 후 한 세기 동안 자본주의는 두 차례의 세계대전을 거치는 등 상당한 변화를 겪었으며, 1917년 혁명으로 탄생한 소비에트 정권이 붕괴한 지도 이제 30년 가까이 되었다. 지금이 레닌이 규정한 그대로의 독점자본주의·제국주의의 시대인가는 새로운 분석이 필요한 문제로 보인다. 세계 자본주의 체제에 대한 새로운 분석 없이 당시의 테제들을 기계적으로 적용하여 현실 문제에 접근하려 한다면 80년대 말, 90년대 초 한국의 사회구성체 논쟁에서 등장했던 지표분해론처럼 우스꽝스러운 논리에 빠질 수도 있다. 제국주의 분석틀에 근거해서 한국 사회를 신식민지국가독점자본주의로 규정하려고 한 당시 일부 논자들의 시도는 제국주의의 다섯 가지 지표 중 일부만 적용되어도 국가독점자본주의로 볼 수 있다는 억지논리로 귀착되기도 했다. 사실 신식민지라는 개념 자체가 당시의 제국주의 분석에서는 존재하지 않았던 개념이었으며 이러한 변화들을 해명하기 위해서는 세계 자본주의 체제에 대한 새로운 총체적 분석이 필요했었을 것이다. 또 흔히 반미나 반제를 표방하는 부르주아 독재 정권들에 대해 어떠한 태도를 취해야 하는가도 한 세기 전의 제국주의·식민지·반식민지 구도를 그대로 갖고 오는 것이 아니라 더 신중히 접근해야 하는 문제다. 『제국주의, 자본주의의 최고 단계』의 출간이 단지 레닌에 대한 막연한 향수나 숭배가 아니라, 그 합리적 핵심을 이어받는 세계 자본주의에 대한 새로운 고민과 분석을 자극하는 기폭제가 되었으면 한다.

　『제국주의, 자본주의의 최고 단계』를 이번에 새롭게 번역하면서, 프로그레스판을 기본 대본으로 삼고 일어판을 주되게 참조하는 대신 최대한 중역의 오류를 피하기 위해 기존 한국어 번역본들과 독일어 번역본, 프랑스어 번역본, 러시아어 원본을 폭넓게 참조하였다. 레닌이 독일어, 영어, 프랑스어 문헌들을 러시아어로 번역하여 상당 부분 인용했기 때문에, 각 인용문에 대해서는 최대한 원문과 대조하였다. 힐퍼딩이나 홉슨의 책처럼 인용된 저술의 한국어 번역본이 있을 경우, 한국어 번역본의 해당 부분을 가능한 존중하여 인용하였다. 덕분에 기존 한국어 번역본들이나 영어판, 일어판이 갖고 있었던 크고 작은 오류들을 상당히 많이 바로잡을 수 있었다. 번역자가 러시아어나 독일어, 프랑스어에 전혀 능통하지 않기 때문에 상당 부분 생소한 언어들의 문법책과 사전을 붙잡고 끙끙댈 수밖에 없었던 번역 과정은 예상을 뛰어넘는 상당한 시간을 요구하였다. 레닌 전집이라는 커다란 도전에 나서서 내게 고전적 저작을 번역할 기회를 주고, 이해할 수 없을 정도로 오랜 시간을 인내심을 갖고 기다려준 아고라출판사에 깊은 감사를 드리며, 혹시 있을지 모르는 오역에 대해서는 전적으로 번역자의 책임임을 밝혀둔다.

2017년 여름

이정인

찾아보기

제국주의,
자본주의의 최고 단계

063 레닌
전집

Владимир
Ильич
Ленин

1판 1쇄 발행 2017년 10월 10일

지은이 블라디미르 일리치 레닌
옮긴이 이정인
펴낸이 김찬

펴낸곳 도서출판 아고라
출판등록 제2005-8호(2005년 2월 22일)
주소 경기도 파주시 가온로 256 1101동 302호
전화 031-948-0510
팩스 031-948-4018

ⓒ아고라, 2017
ISBN 978-89-92055-63-5 04300
ISBN 978-89-92055-59-8 04300세트

이 책은 박연미 디자이너와 허형옥 디자이너,
대현지류, HEP프로세서, 더나이스, 준성금박,
경일제책 노동자들의 노동을 통해 만들어졌습니다.
또한 편집과 제작비 마련 과정에서 레닌북클럽
회원들의 도움을 받았습니다.

* 책값은 뒤표지에 있습니다.
* 레닌북클럽 가입 문의:
facebook.com/groups/leninbookclub